nF418155

APUNTES PARA LA HISTORIA DE LOS HOSPITALES DE LA HABANA

Federico R. Justiniani

ALEXANDRIA LIBRARY PUBLISHING HOUSE
MIAMI

ÍNDICE

CAPÍTULO 1
HOSPITALES PÚBLICOS

INTRODUCCIÓN

ANTECEDENTES HISTÓRICOS [1-3]

Aunque el objetivo de este trabajo es la historia de los hospitales de la ciudad de La Habana, desde la época colonial hasta el triunfo de la revolución comunista, considero importante hacer una introducción que ofrezca una breve descripción de la atención médica ambulatoria en esta ciudad desde mediados del siglo XIX.

Cuba tiene una larga historia de modelos de atención ambulatoria. Las clases más pudientes, utilizaban los consultorios privados de los médicos y cirujanos de la ciudad. Los gobiernos coloniales crearon varios sistemas para atender ambulatoriamente las necesidades de salud de las capas más humildes de la población. Esta historia comienza en 1825 con la creación de los "Facultativos de Semana", que en 1871 fueron parcialmente sustituidos por las "Casas de Socorros" y este último sistema se mantuvo hasta 1959.

En el primer cuarto del siglo XIX el sistema de salud pública colonial estaba constituido por el Real Tribunal del Protomedicato, cuyas principales funciones eran la fiscalización de los servicios médicos y farmacéuticos y asesorar las medidas sanitarias en caso de epidemias. Existía también la Junta Central de Vacunación, que presidía el doctor Tomás Romay y Chacón (1764-1849), encargada de aplicar y distribuir la vacuna antivariólica. Fue en 1804 que el Dr. Romay introdujo y propagó la vacuna en Cuba. A partir de 1907 se establecen las Juntas de Sanidad, una Superior en La Habana y subalternas en Remedios, Puerto Príncipe y Santiago de Cuba.

El "Facultativo de Semana" fue el primer modelo estatal de atención médica ambulatoria establecido en Cuba y su importancia histórica es innegable por el paso de avance que significó en la salud pública de la época y el beneficio que reportó a las clases más humildes de la población.

Este modelo consistía en designar semanalmente dos facultativos, un médico y un cirujano, que rotaban entre todos los de la ciudad y que atendían gratuitamente a los enfermos o accidentados, les ponían tratamiento en sus casas o en caso necesario los enviaban a los hospitales de caridad. También tenían funciones de médicos forenses, inspeccionaban las condiciones higiénicas de los establecimientos públicos y la higiene de los alimentos en los comercios de la ciudad. Los nombres y direcciones de los facultativos de guardia se publicaban en el periódico oficial del gobierno español *Diario de La Habana*, comenzando el 4 de marzo de 1825, cuando aparecen los nombres del médico doctor José Agustín Encinoso de Abreu y Reyes Gavilán y del cirujano el bachiller Hermenegildo Rodríguez.

Esta rotación se cumplió rigurosamente e incluyó a todos los médicos y cirujanos de La Habana, aún los más famosos, como el doctor Tomás Romay y Chacón, el doctor Nicolás j. Gutiérrez y Hernández (1800-1890), los notables profesores universitarios doctores José Agustín Encinoso de Abreu, José Pérez Bohorques, Vicente Antonio de Castro y Bermúdez (1809-1869), Domingo Rosain Castillo y Pedro Andreu, Fernando González del Valle Cañizo (1803-1899), Charles Belot Lorent, Eduardo Finlay Wilson y su hijo, el después sabio de fama mundial Carlos J. Finlay y de Barrés (1833-1915).

Este sistema se mantuvo, con algunas variaciones, hasta que, por decreto del gobierno, el 24 de agosto de 1871, el "Facultativo de Semana" es sustituido por el Servicio Sanitario Municipal, el cual comprendía los modelos de atención médica ambulatoria llamados "Casas de Socorros", la Asistencia a Domicilio de los Enfermos Pobres, el Servicio Forense, el Necrocomio, la Subinspección General y el Gabinete Bromatológico. En 1885 los 36 barrios de la ciudad estaban agrupados en cinco demarcaciones o distritos y cada uno de ellos servido por una Casa de Socorros, así como otras dos en Arroyo Naranjo y Puentes Grandes.

Con el advenimiento de la República independiente, el Presidente Estrada Palma nombró Secretario de Gobernación al ilustre profesor Dr. Diego Tamayo y Figueredo, (1852-1926) quien a su vez nombró al Dr. Carlos J. Finlay y de Barrés, Jefe Supremo de la Sanidad Nacional. Se reorganizan y desarrollan las Juntas de Sanidad y Beneficencia heredadas de la colonia y en 1909 se eleva el sistema de salud al rango de Ministerio, primer país en el mundo en crear la Secretaría de Sanidad y Beneficencia, habiendo sido el primer Secretario el ilustre leprólogo, Dr. Matías Duque Perdomo (1869-1941).

En la década de 1950 los 126 municipios de Cuba tenían Casas de Socorros, que contaban con servicios de consulta médica general, consulta estomatológica, de curaciones y laboratorio clínico, todas orientadas al servicio de las clases humildes. La atención médica ambulatoria en Cuba, por lo demás, verdaderamente estaba en manos de las instituciones médicas mutualistas, tanto la de los Centros Regionales como las privadas, las consultas externas de los hospitales públicos y privados y los consultorios médicos privados.

Este libro está dividido en 4 capítulos: los hospitales públicos, los Centros Regionales Mutualistas, las Quintas Semiprivadas del siglo XIX y los hospitales privados.

HOSPITALES PÚBLICOS

Hospital de San Felipe y Santiago [4, 5]

A finales de la segunda mitad del siglo XVI, según datos obtenidos del Archivo de Indias, el Gobernador, don Juan Maldonado y Barrionuevo, fundó en La Habana un hospital denominado San Felipe el Real o de San Felipe y Santiago. Su construcción comenzó en 1597 y abrió sus puertas a los enfermos en 1599. Estaba ubicado en la llamada Pequeña Ciénaga, donde hoy se encuentra el parque de San Juan de Dios. El hospital mantuvo ese nombre hasta que, a partir de 1602, pasa a la tutela de los religiosos de San Juan de Dios, por lo que comenzó a llamarse por el nombre de ese santo.

Hospital San Juan de Dios [5,6]

Era el único hospital general de La Habana y estaba dedicado a los enfermos civiles y militares. En 1793, los frailes de San Juan de Dios entregaron la administración del hospital al municipio de la ciudad. En 1861 se produjo el derrumbe del viejo caserón que ocupaba, y 400 enfermos fueron trasladados provisionalmente a los altos de la cárcel, mientras se construía el edificio donde después se instaló, situado en la manzana comprendida por las calles Aguiar, San Juan de Dios, Habana y Empedrado, en La Habana Vieja.

Hospital Nuestra Señora de las Mercedes [7-10]

Se reconoce históricamente que el hospital que se llamaría Hospital Nuestra Señora de la Mercedes, es la continuación en la secuencia de nombres del San Felipe y Santiago, del San Juan de Dios y del Reina Mercedes. La instalación tuvo su origen en los legados de Doña Josefa Santa Cruz de Oviedo, Don Salvador Samá, Marqués de Marianao y Don Joaquín Gómez. En 1882 comenzaron las obras bajo la dirección del ingeniero Sáenz Yánez, en terrenos en la proximidad de la antigua Batería de Santa Clara, en la manzana del Reparto Medina formada por las calles 21, K, 23 y L, en el Vedado, donde hoy radica la heladería Coppelia. Su inauguración tuvo lugar el 8 de febrero de 1886 y allí fueron trasladados los enfermos que se hallaban en el Hospital San Juan de Dios. Originalmente se le denominó Hospital Reina Mercedes, en honor de la primera esposa del Rey D. Alfonso XII. A la muerte de los reyes, el hospital pasó a llamarse Nuestra Señora de las Mercedes. Su primer director fue el doctor Emiliano Núñez de Villavicencio y Álvarez. A raíz del alzamiento del 24 de febrero de 1895, que marcó el inicio de la guerra de independencia, el Dr. Núñez de Villavicencio fue condenado a 3 años de prisión en la isla de Fernando Poo por actividades conspirativas. Al terminar la dominación española, el interventor del gobierno de los Estados Unidos, General Leonard Wood entregó la administración del hospital a una Junta de Patronos bajo la dirección del doctor Núñez de Villavicencio y la secretaría de Sanidad.

El Hospital Nuestra Señora de la Mercedes tiene una historia de grandes contribuciones a la medicina cubana a través de los años. El 21 de agosto de 1899 comenzó a funcionar en este hospital la primera Escuela de Enfermería de Cuba, fundada por la enfermera Miss Mary O'Donnell. Fue en este hospital que el doctor Francisco

Faustino Domínguez Roldán (1864-1942), fundó el primer departamento de Radiología de América Latina, que se inauguró el 1 de mayo de 1907. Fue aquí donde prestigiosos médicos desarrollaron la práctica de importantes especialidades: el Dr. Ángel Arturo Aballí y Arellano (1880-1952) creó el primer servicio de Clínica Infantil en Cuba, una sala de lactantes, un departamento de dietética y un laboratorio de anatomía patológica. El Dr. Raimundo García Menocal (1856-1913) considerado el mejor cirujano de la época, dermatólogo y sifilólogo, inició el combate contra las enfermedades de transmisión sexual, el Dr. Nicolás Puente Duany (1899-1991) ejerció la Oncología, los doctores Sánchez Toledo y Alberto Inclán la Ortopedia y el Dr. José Iglesias de la Torre fundó el Departamento de Asistencia Social.

Antiguo Hospital Nuestra Señora de las Mercedes.

Hospital Nuestra Señora de las Mercedes, ahora Hospital Clínico Quirúrgico
Docente Comandante Manuel Fajardo.

El 24 de noviembre de 1954, debido al amplio desarrollo urbano y la gran densidad de población de la zona, la Junta de Patronos decidió vender los terrenos y trasladar el hospital para un nuevo edificio que se construiría en la Loma del Príncipe, obra del arquitecto Víctor Morales y que se inauguró en 1957. El 31 de marzo de 1959 el hospital y todas sus dependencias fueron traspasados al absoluto dominio de la Universidad de La Habana. En la actualidad el hospital es conocido como el **Hospital Clínico Quirúrgico Docente Comandante Manuel Fajardo.**

Hospital de Paula [11-14]

En 1664 el Presbítero de la Catedral de La Habana, don Nicolás Estévez Borges, ordenó la construcción en el lado sur de la Bahía de La Habana, en la intersección de las calles Desamparados, San

Ignacio y Paula, de un hospital para mujeres y una iglesia adyacente dedicada a la devoción de San Francisco de Paula. Fue allí donde primero se practicó la Obstetricia y Ginecología en La Habana y en sus salas colaboraron prestigiosos médicos como don Tomás Romay y Chacón, el doctor Nicolás Gutiérrez Hernández (1800-1890), el eminente cirujano Fernando González del Valle y Cañizo (1803-1899) y la doctora Laura Martínez de Carvajal y del Camino (1869-1941), la primera mujer graduada de la Escuela de Medicina de la Universidad de La Habana.

Iglesia de San Francisco de Paula, Monumento Nacional.

En 1730 un huracán destruyó ambos edificios por completo. En 1745 fueron reconstruidos siguiendo el estilo barroco, el Hospital Real y la Iglesia de San Francisco de Paula. En 1799 el hospital ya contaba con 109 camas, y allí estuvo instalada la primera Escuela de Comadronas de Cuba, anteriormente llamada Academia de Parteras, fundada en 1827 por el Dr. Rossin y la

Sociedad Patriótica. El hospital fue demolido, cuando en 1907 la Havana Central Railroad, una compañía norteamericana, compró el terreno. La parte ocupada por la iglesia, no le fue vendida gracias a las gestiones del historiador Emilio Roig de Leuchsenring y del antropólogo Fernando Ortiz, que lograron que se designara la iglesia como Monumento Nacional en 1944. El hospital desapareció.

La Casa de Beneficencia y Maternidad de La Habana [5, 15-18]

Esta historia incluye la creación de tres instituciones distintas, la Casa Cuna, la Casa de Beneficencia y la Casa de Maternidad que terminaron refundiéndose en una, la Casa de Beneficencia y Maternidad de La Habana.

La historia de la Casa Cuna se remonta al año 1687 cuando la funda el Obispo Diego Evelino Hurtado de Compostela. A su muerte, el orfelinato estaba por terminar y es entonces que el Obispo Fray Gerónimo de Nosti y Valdés tomó la idea en sus manos y construyó un nuevo edificio en la esquina de Oficios y Muralla. Originalmente abrigaba 200 huérfanos.

En 1792, el ilustre Obispo Don Luis de Peñalver y de Cárdenas, por iniciativa de la Condesa de Jaruco, los Marqueses de Cárdenas de Monte Hermoso, y el Marqués de Casa Peñalver, fundaron la Real Casa de Beneficencia, situada en frente de la Caleta de San Lázaro en la esquina de San Lázaro y Belascoain. También contribuyó a la fundación de la Casa de Beneficencia el capitán general Luis de las Casas y Aragorri, duque de Bailén. El general Casas encargó la construcción del edificio a don Francisco Wambitelli, comandante de ingenieros de La Habana. El asilo se inauguró el 8 de diciembre de 1794, ingresando aquel día mismo 34 niñas huérfanas

A fines de 1823, la situación económica de la Casa de Beneficencia se había agravado considerablemente. El entonces capitán general

Francisco Dionisio Vives organizó una recolecta popular, estableció un impuesto sobre cada barril de harina, así como una consignación en cada sorteo de lotería, y la Casa de Beneficencia pudo pagar sus deudas y continuar funcionando. Merece especial mención el presbítero cubano don Manuel de Echevarría y Peñalver, sobrino del obispo Peñalver quien engrandeció el capital de la institución donando 400 caballerías de su hacienda Laguna Grande.

La Casa Cuna de Oficios y Muralla muestra el torno en su fachada.

Antonia María Menocal, una rica dama de La Habana, dejó al morir en 1830 un gran legado que fue invertido en la creación de la Casa de Maternidad y la administración colonial les cedió el antiguo hospicio de San Isidro en el Paseo del Prado.

El torno de la Casa de Beneficencia y Maternidad.

El 28 de febrero de 1852 se fundieron las tres casas dando origen a la Casa Real de Beneficencia y Maternidad. Madres que abandonaban sus hijos por razones económicas o por la vergüenza de ser madres solteras, los dejaban en un torno sin necesidad de revelar sus identidades. La Hermanas de la Caridad de San Vicente de Paul los recibían y se encargaban de criarlos con cariño y esmero. Los niños adquirían el apellido Valdés del Obispo Fray Gerónimo de Nosti y Valdés, (que en la actualidad está enterrado en la Iglesia del Espíritu

Santo, en La Habana). De allí salieron varios ilustres cubanos, entre ellos el Dr. Fermín Valdés-Domínguez, médico, gran amigo de José Martí, quien llegó a ser coronel del ejército libertador, el poeta Gabriel de la Concepción Valdés conocido con el seudónimo de Plácido y el Dr. Juan Bautista Valdés que se hizo médico y llegó a ser director de la institución. Inspirados en esta institución están el personaje de Cecilia Valdés de la zarzuela de Cirilo Villaverde y el protagonista de la novela *La Loma del Ángel* de Reinaldo Arenas.

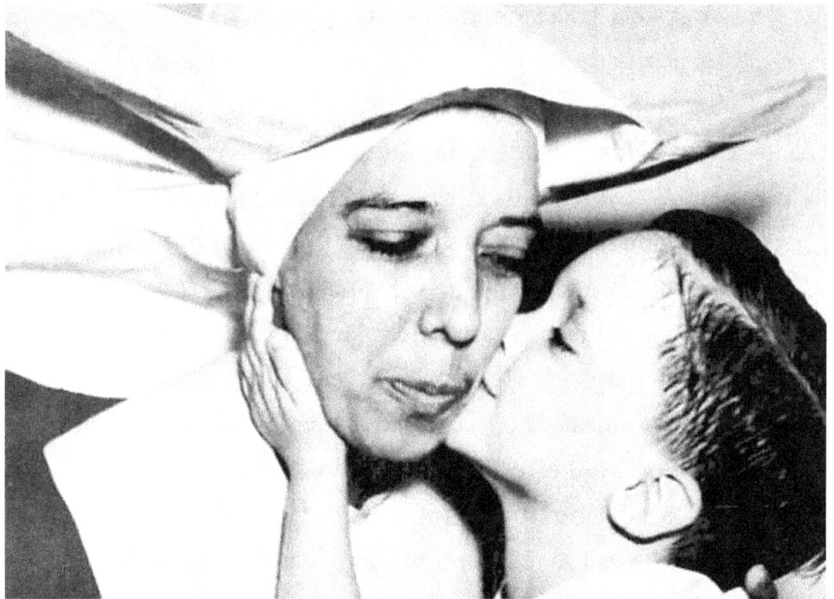

Tierna escena.

La Casa de Beneficencia y Maternidad fue administrada por la Sociedad Económica de Amigos del País, hasta 1914 en que el estado cubano asumió su control, siempre servida por las Hermanas de la Caridad. En 1959, los niños fueron trasladados a lo que había sido el Instituto Cívico Militar de Ceiba del Agua, al que se le dio el nombre de Hogar Granma. El edificio de la Casa de Beneficencia y Maternidad fue demolido y se comenzó la construcción de un edificio para el

Banco Nacional que nunca se llegó a terminar. En la actualidad en esa localización se encuentra el **Hospital Hermanos Ameijeiras.**

Hospital Leprosorio de San Lázaro [5, 19]

Originalmente los pacientes con lepra estaban alojados en unos bohíos junto al mar. Estaban en deplorable estado, por lo que el capellán presbítero Juan Pérez de Silva y el doctor Francisco Teneza acudieron al Rey Felipe V rogándole su ayuda. Por decreto real de 19 de junio de 1714, Su Majestad el Rey Felipe V ordenó la fundación del Real Hospital de San Lázaro para la atención de los enfermos de lepra. Estaba situado en la Caleta de Juan Guillen, ahora conocida como Caleta de San Lázaro, en la Calle Aramburu entre Jovellar y San Lázaro. El Real Hospital de San Lázaro se inauguró en 1781 El edificio de dos plantas, contenía una iglesia de una sola nave. Debido a su proximidad al mar, el edificio fue dañado por varios huracanes

El día 26 de diciembre de 1916 los pacientes fueron informados que serían trasladados al lazareto del Mariel., lo que provocó escenas violentas. Finalmente, los enfermos accedieron a ser trasladados a Mariel, con la promesa de que serían trasladados a El Rincón, una vez que el nuevo hospital estuviera terminado. El 26 de febrero de 1917 finalmente los enfermos fueron trasladados a El Rincón, que consistía en unos pabellones todavía sin terminar y carentes de las facilidades más perentorias. El Padre Apolinar López y la Madre Superiora, la Hermana Ramona Idoate, con grandes sacrificios personales lograron colectar donaciones para hacer el adecuado acondicionamiento del hospital.

El Hospital Leprosorio de San Lázaro se inauguró en 1917 en la Finca Dos Hermanos del poblado de El Rincón, a unas 25 millas del centro de La Habana y cercano a Santiago de las Vegas, donde está todavía situado. En este hospital se aplicó por primera vez en Cuba la vacuna antileprosa por el Dr. Victoriano García. En la actualidad es un hospital dermatológico y en él prestan servicios las monjas de la Orden Hermanas de la Caridad. El Rincón es uno de los mayores centros de peregrinaje religioso nacional. Cada 17 de diciembre, peregrinos de todas partes de la isla, visitan la iglesia del leprosorio.

Sanatorio de San Lázaro, El Rincón.

Hospital de San Ambrosio [5, 20]

La historia de la fundación del Hospital de San Ambrosio es un tanto nebulosa. Ya en 1744 existía este hospital dedicado a enfermos y heridos militares españoles. Estaba situado en una vivienda donada por el Obispo Gerónimo de Nosti y de Valdés, en las márgenes de la ensenada que recibía los desagües de las barriadas del Cerro, Jesús del Monte, Jesús María y los del Canal de Chávez. Se decidió clausurarla y construir otra en la Calle San Isidro entre Picota y Compostela, frente al hospicio San Isidro. En 1774 siendo gobernador el Conde de Ricla, pasaron los enfermos militares que estaban en el Hospital San Juan de Dios al Hospital San Ambrosio. Es importante notar que en 1823 se fundó en el Hospital de San Ambrosio, el Museo de Anatomía Descriptiva y fue en este hospital donde recibían las clases prácticas de cirugía los estudiantes de medicina de la Real y Pontificia Universidad de La Habana, hasta que en 1845 fueron trasladadas al Hospital San Juan de Dios. El director fundador del museo fue el doctor Francisco Alonso y Fernández. El hospital también contó con un anfiteatro en el que se ejecutaba la disección de los cadáveres. En 1832 el Director Anatómico y Conservador lo era el doctor Nicolás José Gutiérrez y Hernández, catedrático titular de Anatomía General de la Universidad de La Habana, quien contribuyó al museo con preparaciones anatómicas en cera por él confeccionadas. El hospital también contaba con una biblioteca fundada en 1839 que llegó a tener 800 volúmenes y es la primera biblioteca en la historia de la Universidad de La Habana. Gutiérrez donó a la misma, una valiosa colección de los últimos tratados de cirugía traídos desde París. También residía allí la Cátedra de Clínica Médica fundada en 1834, por el ilustre doctor Tomás José Romay y Chacón.

En 1895, cuando ya había estallado la Guerra de Independencia, surgió la necesidad de ampliar urgentemente el cuidado de los militares españoles, y los enfermos fueron trasladados a unos barracones de madera, en la explanada del Castillo del Príncipe. Así surgió el Hospital Militar Alfonso XIII.

Hospital Militar Alfonso XIII [21]

Como queda dicho anteriormente, el Hospital Alfonso XIII surgió después de estallar la Guerra de Independencia en 1895, cuando los militares españoles enfermos y heridos del Hospital San Ambrosio se trasladaron a un terreno situado en la explanada del Castillo del

Príncipe, en la llamada loma de Aróstegui y se le dio el nombre de Hospital Alfonso XIII en honor del rey-niño que entonces tenía unos 11 años, y que reinaba bajo la regencia de su madre María Cristina de Hamburgo Lorena. Fue inaugurado el 23 de enero de 1896

Su construcción estuvo a cargo del ingeniero Carlos E. Cadalso y se extendía por toda la colina hasta los límites del Castillo del Príncipe. Constaba de 81 barracas de madera con techo de guano, distribuidas en 50 salas de clínica, 12 pabellones para infecciosos, 4 para oficiales y 6 para convalecientes, cada barraca tenía capacidad para 30 ingresados y trabajaban 27 médicos y 727 empleados de distintas funciones. En 1898 murieron 1484 militares en este hospital. Durante todo el tiempo de la Guerra de Independencia, España envió a Cuba un total de 700 médicos, de los cuales murieron más de 100, la mayor parte de fiebre amarilla. Por eso se ha dicho, con cierto cinismo, que el mejor aliado que tuvieron los insurrectos fueron las enfermedades contraídas por el ejército español.

Hospital Militar Número Uno [22]

En 1899, al fin de la Guerra de Independencia y durante la intervención norteamericana, se cambió el nombre del Hospital Alfonso XIII por el de Hospital Militar Número Uno, dedicado a la atención de las tropas norteamericanas. Se acometió un trabajo extenso de reparación y de mejoramiento del equipo médico. En marzo de 1900, el doctor Julio San Martín Carriere (1854-1905), Profesor Titular de Histología Normal y Anatomía e Histología Patológicas de la Universidad de La Habana, logró que el hospital pasara a ser dependencia del ayuntamiento y se le llamó Hospital Municipal Número Uno, pero poco duró el hospital como dependencia del ayuntamiento, ya que sus servicios se deterioraron dado el insuficiente presupuesto, y de nuevo pasó, por resolución militar de septiembre de 1900, a ser una dependencia estatal, devolviéndosele el nombre de Hospital Militar

Número Uno. Al terminar la intervención norteamericana, el hospital pasó a ser, con el mismo nombre, una institución a cargo del estado cubano.

Bajo esta denominación se lograron importantes progresos. Se fundó en septiembre de 1900 la Escuela de Enfermeras (tercera del país). los pabellones recibieron el nombre de grandes de la medicina cubana, hecho que se ha mantenido hasta nuestros días. En enero de 1903 se fundó la primera revista publicada en Cuba como órgano oficial de un hospital, *Boletín Clínico Mensual del Hospital Número Uno*. En 1905 se creó el Laboratorio Central, en 1908 una sala de enfermedades de la nariz, laringe y oídos, en 1910 se inauguró el Asilo de Ancianos Petronila Gómez y se comenzó a impartir clases en la carrera de parteras o comadronas.

Hospital Universitario "General Calixto García" (23-27)

Hospital Universitario "General Calixto García".

En 1914 el doctor Enrique Núñez de Villavicencio y Palomino, eminente cirujano, coronel del Ejército Libertador y a la sazón Secretario de Sanidad y Beneficencia, sustituyó los viejos pabellones de madera del Hospital Número Uno, por edificaciones sólidas de mampostería, distribuidas por especialidades, dándoles a todos nombres de personalidades de la medicina cubana. Y fue en junio de 1917 cuando se le cambia el nombre de Hospital Número Uno al de Hospital Nacional "General Calixto García", en homenaje al prócer de nuestras guerras de independencia. El hospital ocupa un área de 130,000 m², el frente da a la calle Jovellar (ahora calle 27 de noviembre) y el fondo llega hasta la calle G del Vedado.

Pabellón Gutiérrez. Clínica Bajos y Clínica Altos
(Cátedras de Patología Médica y Patología General, respectivamente).

En 1923 el Congreso de la República aprobó la reorganización de la enseñanza en la Facultad de Medicina y se trasladaron a este hospital muchas de las cátedras universitarias que hasta entonces radicaban en el viejo edificio de Zanja y Belascoain. En este ambiente académico se crearon verdaderas Escuelas Cubanas en diversas especialidades como Cirugía General, Medicina Interna, Parasitología y Enfermedades Tropicales, Dermatología, Oftalmología y otras. En 1943 por decreto presidencial se creó la Junta de Gobierno Autónoma y el hospital pasó a ser oficialmente parte de la Universidad de La Habana y recibió el nombre de Hospital Universitario "General Calixto García". El 28 de enero de 1949 el Colegio Médico Nacional inauguró, para la asistencia de sus miembros, el Pabellón Borges, en honor del doctor José Elías

Borges Carreras. En 1934 se crea la Clínica del Estudiante, donde se atendía gratuitamente a los estudiantes de todas las facultades universitarias. En la década de 1950 el hospital abarcaba algo más de 30 edificaciones con 1200 camas.

Profesor Pedro Iglesias y Betancourt, Titular de la Cátedra de Patología Médica y mi maestro en la Sala Clínica Bajos.

El Hospital Calixto García es la institución hospitalaria de mayor importancia histórica en la Isla de Cuba. Ha sido una verdadera fragua donde se han forjado los mejores médicos cubanos en la primera mitad del siglo XX. A su extensa labor asistencial se han sumado numerosas contribuciones científicas publicadas en revistas médicas de gran prestigio, como *Archivos del Hospital Universitario* que se publicó desde 1949 hasta 1961, *Revista de Medicina y Cirugía de La Habana* del profesor José A. Presno Bastioni, *Archivos de Medicina Interna* de los profesores Pedro A. Castillo Martínez, Clemente Inclán Costa y Luis Ortega Bolaños, *Archivos de Medicina Infantil* del profesor Clemente Inclán Costa y la *Revista Kuba* de los profesores Pedro Kouri Esmeja y José G. Basnuevo Artiles de la Cátedra de Parasitología y Enfermedades Tropicales.

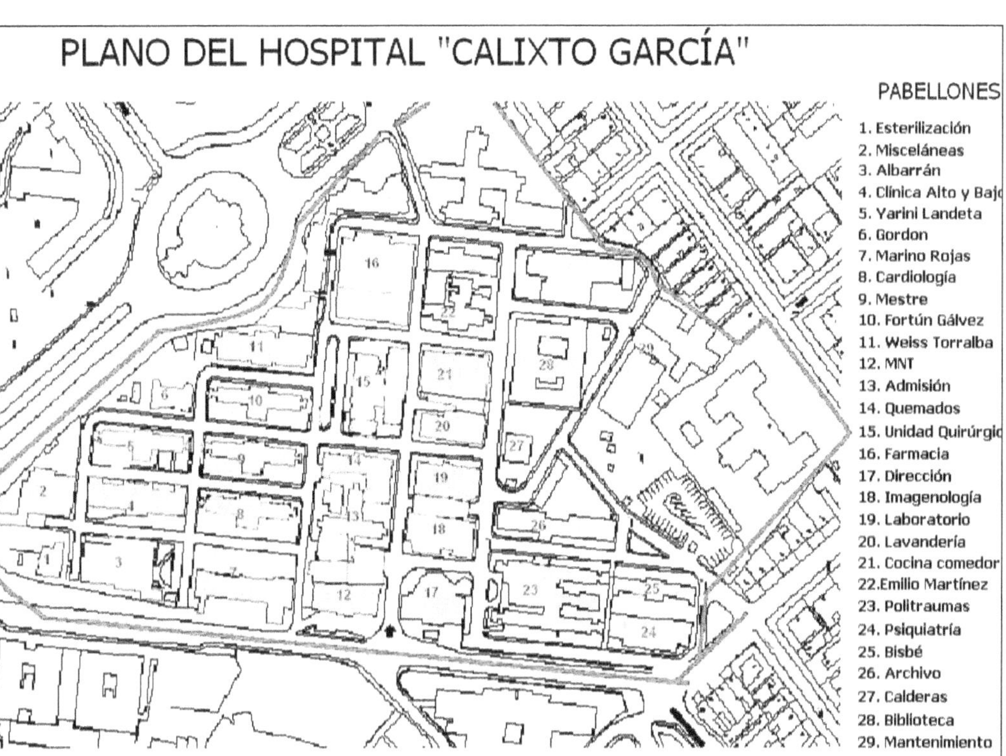

Plano que muestra los distintos pabellones del Hospital Universitario
"General Calixto García". El pabellón Gutiérrez de las salas
Clínica Bajos-Clínica Altos es el marcado con el número 4.

Personalmente, guardo de este hospital memorias muy gratas.
Quiero recordar aquí, algunas de estas imborrables experiencias, para
añadirle a esta objetiva descripción, una dimensión personal. Aquí fue
donde me formé como internista en la sala Clínica Bajos, servicio del
Profesor Pedro Iglesias y Betancourt (1905-1983), Profesor de Patología
Médica con su Clínica. Iglesias era un magnífico profesor, que hacía
gran énfasis en la enseñanza clínica al lado de la cabecera del paciente.
Tomar una historia clínica completa y hacer un examen físico detallado
eran la base sobre la que se podía edificar el diagnóstico del paciente.
Iglesias acudía religiosamente a su servicio de lunes a viernes y pasaba
visita con su equipo de asociados, residentes, internos y estudiantes.
Sus colaboradores cercanos eran el Profesor Juan Miguel Portuondo
y de Castro (1912-1999), que en 1953 obtuvo por concurso oposición
la plaza de Profesor Asociado de la Cátedra, Reinaldo Muñiz Cano,

Melquiades Lamelas, Ada Kourí, César Carvallo, Ramón Barrera Cacicedo, y Sergio Álvarez Mena entre otros. Comencé trabajando de voluntario en el laboratorio clínico de ese servicio, cuyo jefe era el Dr. Antonio Palacín Aranda (1915-1985) que me enseñó todas las técnicas usadas en el laboratorio de aquella época, los años 1948-1949, cuando todavía no había ocurrido la automatización de que disfrutamos en la actualidad. Su enfermera Dolores, una brasileña que gustaba de usar palabrotas vulgares en español, me enseñó a puncionar las venas y obtener muestras de sangre. Cuando empecé el 4to año de la carrera, en 1950, pasé a trabajar en la sala con los pacientes. Aplicar a los enfermos los conocimientos de ciencias básicas adquiridos durante los primeros años de la carrera, fue una verdadera revelación. La medicina clínica me fascinó y esta fascinación me ha durado el resto de mi ya larga vida.

Debido a mi expediente académico, el segundo en una clase de unos 350 estudiantes, fui Alumno Interno durante el 6to y 7mo año, médico interno y por último residente de medicina, posición obtenida por concurso-oposición, todas estas experiencias en el servicio del Profesor Iglesias. A la llegada de la revolución, la universidad fue tomada por los simpatizantes del régimen comunista, y ocurrió lo que Iglesias llamó "el colinazo", o sea, los antiguos y capaces profesores fueron cesanteados y otros renunciaron en protesta, incluyendo el profesor Iglesias. Uno de los antiguos residentes de este servicio, cuyo nombre no utilizo para no darle publicidad a ese infame, fue nombrado jefe del servicio de Clínica Bajos. Tomó posesión de la oficina de Iglesias, y empezó a pasar visita burlándose del que había sido su maestro, usando su bata blanca con un bolsillo grande al frente (estilo marsupial) y un abanico de guano que Iglesias usaba durante los pases de visita. Esta fue una experiencia penosa para mí, que finalmente se resolvió cuando recibí una llamada de la Dra. Martha Frayde para ofrecerme una plaza de jefe de uno de los cuatro servicios de medicina del recién inaugurado Hospital Nacional. Pero esta parte de la historia la narraré cuando escriba la historia de ese hospital.

Hospital de Mazorra [28, 29]

Fundado en 1857 con el nombre de Casa General de Dementes de la Isla de Cuba, en el potrero de Ferro, propiedad de José Mazorra, en el área de Boyeros. Ocupa un área de 62 hectáreas. Los primeros edificios se construyen para hombres y en 1862 se inicia la construcción de los de mujeres y estaban bajo el cuidado de la Hermanas de la Caridad. El primer director médico se nombró en 1864 y fue el doctor José Joaquín Muñoz, quien tradujo al castellano el libro en francés del profesor Balaguer *Traité d' Alienation Mental*, el primer libro de psiquiatría publicado en Cuba. En 1899, con el fin de la dominación española, toma posesión de la dirección del hospital el coronel del Ejército Libertador Lucas Álvarez Cerice. En 1902 se le cambia el nombre para Asilo General de Enajenados de la Isla de Cuba. Al triunfo de la revolución comunista se le denomina **Hospital Psiquiátrico de La Habana** y se nombra director al comandante del ejército rebelde doctor Eduardo Bernabé Ordaz Ducunge. En la actualidad tiene una capacidad de 2,500 camas, en 36 pabellones, así como parques y áreas de recreación.

Casa de Salud Nuestra Señora de los Ángeles [30]

Al finalizar la Guerra de Independencia en 1899 la sanidad militar americana escogió el Cerro de las Ánimas, una elevación que limitaba por el norte con la Avenida Carlos III, por el este con la Calzada de Infanta y por el sur y el oeste con el Pasaje Manglar y el Cerro, donde existía un cuartel de ingeniería del ejército español, para convertirlo en un hospital para sus tropas, denominándolo Hospital Nuestra Señora de los Ángeles. Su fundador fue el Dr. Roberto Chomat.

Hospital Las Ánimas [31, 32]

El 20 de noviembre de 1899 el hospital Los Ángeles fue declarado Hospital Municipal y se le bautizó con el nombre de Hospital Las Ánimas. Se designó como su director al doctor Francisco Ferrer y como inspector al Mayor del ejército norteamericano William C. Gorgas.

Desde sus inicios el hospital se dedicó enteramente a la atención de pacientes con enfermedades infecciosas, que en aquella época eran un verdadero azote para Cuba, especialmente la fiebre amarilla. El doctor Juan Guiteras Gener (1852-1925), Profesor Titular de la Cátedra de Patología General y Afecciones Intertropicales de la Universidad de La Habana, fue nombrado en 1901 miembro de la Junta Superior de Sanidad presidida por el sabio cubano Carlos J. Finlay con quien colaboró estrechamente en una Estación de Incubación para el estudio de la fiebre amarilla en el Hospital Las Ánimas. Fue allí donde el doctor Walter Reed y la Comisión del ejército norteamericano que él presidía, realizó los experimentos que confirmaron la tesis de Finlay sobre la trasmisión de la fiebre amarilla por el mosquito *Aedes aegypti*. Guiteras fue director de este hospital de 1902 a 1921. Durante los 20 años que el Dr. Guiteras se mantuvo al frente del hospital, este adquirió fama internacional, sobre todo en relación a los estudios biológicos sobre la fiebre amarilla, la rabia, el tétanos, la difteria, la varicela, la parotiditis, el sarampión y la escarlatina. Allí se diagnosticaron los primeros casos de poliomielitis conocidos en Cuba.

En el trascurso de los años el hospital sufrió serios daños estructurales durante los huracanes de 1926 y 1944 que azotaron a La Habana. Fue su director de 1933 a 1945 el doctor Antonio Díaz Albertini y Mojarrieta (1865-1945), un ilustre higienista cubano. En 1948 se inició la construcción del nuevo hospital, inaugurado el 3 de diciembre de 1951 con importantes adiciones como la biblioteca, la morgue, el laboratorio clínico, el servicio fotográfico y los departamentos de electricidad médica y cardiología. En 1960 el gobierno revolucionario comunista decidió convertir el hospital en un hospital pediátrico, designándolo **Hospital Pediátrico Docente de Centro Habana.**

Pórtico de entrada del Hospital Las Ánimas.

Hospital de Higiene [33]

Estaba situado en la casa quinta de San Antonio, en la Calzada del Cerro No. 1352 esquina a Sarabia. El doctor Claudio Delgado y Amestoy (1843-1916) fue un español nacido en San Sebastián que quedó huérfano y a la edad de 13 años viajó a Cuba, se sostuvo haciendo trabajos de contabilidad comercial, hasta que pudo estudiar medicina, graduándose el 18 de octubre de 1874. El 25 de septiembre de 1875, obtuvo por concurso oposición la plaza de médico director del Hospital de Higiene. Este hospital estaba destinado a la recogida y tratamiento de las prostitutas que deambulaban por La Habana. El Dr. Delgado renovó completamente el hospital, creó la primera sala de cirugía en

Cuba con métodos de asepsia y antisepsia y diseñó un reglamento recomendando a las dueñas de burdeles, las medidas de higiene y los principios médicos para controlar las enfermedades venéreas.

Hospital Municipal General Freyre de Andrade (Hospital de Emergencias) (34-36)

Antes de la creación de este hospital, fungía como Hospital de Emergencias la Casa de Socorros del segundo Distrito, en la calle Salud y Cerrada del Puerto, en la Habana Vieja. Era un edificio de dos plantas, en la primera planta estaba la Casa de Socorros y en la planta alta estaba el Hospital de Emergencia. Como anécdota histórica interesante, Alberto Yarini y Ponce de León, el famoso chulo de San Isidro, fue llevado herido de muerte a este hospital el 21 de noviembre de 1910, acompañado de su concubina Berthe La Fontaine, una bella joven francesa que Yarini le había robado al chulo francés Luis Letot. Yarini y Letot se enfrentaron en las calles de San Isidro con sus respectivos guardaespaldas, se entraron a tiros y ambos murieron en el hospital de emergencias.

El 21 de enero de 1914, y a iniciativa del alcalde de la Ciudad de La Habana el General Fernando Freyre de Andrade y Velázquez (1863-1929), el Ayuntamiento aprobó el proyecto de construcción del Hospital de Emergencias del arquitecto Rodolfo Maruri. El hospital sería construido en las manzanas 17 y 23 del Reparto de la Estancia, de los herederos del señor Conde de Jibacoa, hoy el cuadrilátero comprendido entre las calles Carlos III al frente, Jesús Peregrino al fondo, y a los lados Espada y Hospital. El 7 de julio de 1914 se llevó a cabo la colocación de la primea piedra con la asistencia del presidente de la República Mario García Menocal y el Alcalde de La Habana, general Freyre de Andrade y sus respectivas esposas. Maruri no pudo ver su obra terminada ya que murió poco tiempo antes y esa tarea correspondió al arquitecto Evelio Govantes y Fuertes. Igualmente, el alcalde Freyre terminó su mandato y fue sustituido por el alcalde Manuel Varona Suárez. El 2 de enero de 1917, el Ayuntamiento acordó designar el hospital con el nombre del General Freyre de Andrade. El viernes 2 de julio de 1920 se inauguraba el nuevo edificio. El doctor Benigno Souza y Rodríguez (1872-1954), destacado cirujano e historiador de las guerras de independencia, fue designado director del hospital, cargo que mantuvo. hasta su muerte el 19 de junio de 1954. El 3 de diciembre de 1950 en la esquina de Espada y Carlos III se develó un monumento homenaje al Dr. Souza, del escultor cubano Juan José Sicre. Este homenaje en vida, pocas veces realizado, honró a quien por 50 años se había esforzado por darle a los habaneros toda su ciencia, su habilidad quirúrgica y su bondad infinita.

Fachada del Hospital Municipal General Freyre de Andrade
(Hospital de Emergencias).

La calidad de los servicios prestados se puede deducir si citamos algunos de los distinguidos profesionales que ejercieron en el mismo: Dr. Gonzalo Aróstegui, Dr. Ernesto de Aragón, Dr. Gustavo Ramírez Olivella, Dr. Gonzalo Pedroso, Dr. Alberto Inclán, Dr. Alberto Recio y

Dr. Vicente Pardo Castelló entre otros. En la actualidad el hospital se denomina **Hospital Clínico Quirúrgico Docente Freyre de Andrade.**

Hospital de Maternidad América Arias [36-39]

Conocido también como La Maternidad de Línea, está localizado en la calle Línea en la manzana comprendida entre las calles G, 11 y H, en el Vedado. Se inauguró el 25 de diciembre de 1930 por el entonces alcalde de La Habana Miguel Mariano Gómez y Arias. Se le puso América Arias en tributo a una ilustre dama espirituana, que todos llamaban Doña América, que casó con José Miguel Gómez, también espirituano. Su esposo se unió a las fuerzas patrióticas cuando estalló el 24 de febrero de 1895 la Guerra de Independencia. Ella sirvió de Capitana, mensajera y enfermera de los combatientes. Durante la República el ahora Mayor General José Miguel Gómez fue Presidente de Cuba de 1909 a 1913 y su hijo Miguel Mariano, entonces alcalde de La Habana, llegó a ser Presidente de Cuba en 1936 por siete meses. Ya fallecida Doña América, se erigió un busto para perpetuar su memoria, obra del escultor Teodoro Ramos Blanco, que se instaló el 20 de junio de 1936 en la entrada principal del hospital. Los arquitectos fueron Govantes y Cabarrocas. Su diseño marcó pautas que lo llevaron a ser considerado el primer gran hospital de La Habana, por su estructura de varias plantas en vez de los tradicionales pabellones aislados. Su estructura era de acero y hormigón y su exterior estaba recubierto con piedras de Jaimanitas y ladrillos. El edificio se define desde el punto de vista estilístico dentro de una línea moderada de Art Decó, con una fuerte ascendencia de la arquitectura romana.

Después de casi 90 años de inaugurado, este hospital donde han nacido varias generaciones de cubanos, continúa brindando atención especializada en obstetricia, ginecología y neonatología. En la actualidad se llama **Hospital Ginecobstétrico "América Arias" de La Habana.**

Hospital de Maternidad América Arias (Maternidad de Línea).

Sanatorio Antituberculoso "La Esperanza"[40]

Fundado en 1907 en la Finca La Asunción, Arroyo Naranjo con capacidad para 60 enfermos. Constaba de una serie de pabellones, llamados casetas, de mampostería con techos de tejas francesas a cuatro aguas, donde se alojaban 6 enfermos, En 1910 el alcalde Dr. Manuel Varona Suárez aumentó la capacidad del sanatorio a 150 camas y desde 1928, estuvo regido por el Consejo Nacional de Tuberculosis.

En 1951, con capacidad para 700 hospitalizados, habían hacinados cerca de mil pacientes y el Consejo tenía un déficit de 40 mil pesos. El sanatorio desapareció después de 1959. En su lugar se levanta ahora el **Hospital General Docente Julio Trigo.**

Clínica de Maternidad Obrera de Marianao [41, 42]

Hospital de Maternidad Obrera, ahora Hospital de Maternidad
Eusebio Hernández Pérez.

Diseñada por el arquitecto Emilio de Soto Segura, su construcción comenzó en abril de 1939 y se inauguró el 20 de septiembre de 1941 con la asistencia del entonces Presidente de la República, General Fulgencio Batista y Zaldívar y el Secretario de Salud Pública Dr. Sergio García Marruz. La arquitectura imponente de esta edificación se encuentra entre los exponentes más importantes del Art Decó de La Habana, junto a los edificios López Serrano y Bacardí y los cines América y Fausto. En lo alto de su grandioso pórtico se encuentra la imponente escultura de cerámica blanca, de una madre y su hijo, obra del escultor cubano Teodoro Ramos Blanco. Como curiosidad, la planta del edificio tiene la forma del aparato reproductor femenino.

El hospital tiene unas 200 camas y atiende a mujeres de los municipios habaneros de Playa, Marianao y La Lisa. En 1966 se le cambió el nombre a **Hospital de Maternidad Eusebio Hernández Pérez,** en honor a este patriota que fue General de las luchas por la independencia de Cuba, médico personal y amigo de Antonio Maceo y Profesor de Obstetricia y Ginecología de la Universidad de La Habana. Pero el pueblo le sigue llamando Maternidad Obrera.

Hospital Oncológico Madame Curie [36, 43,44]

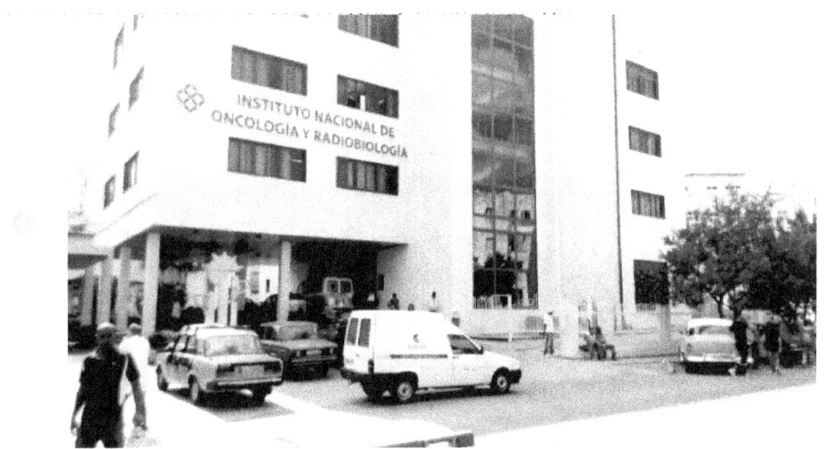

Instituto Oncológico Madame Curie.

El cuidado institucional especializado de los enfermos de cáncer en La Habana se inició el 19 de mayo de 1926 cuando se inaugura por la iniciativa y tenaz dedicación del Profesor Emilio Martínez y Martínez (1864-1948), Profesor Titular de la Cátedra de Enfermedades de la Laringe, Oídos y Fosas Nasales, un pabellón expresamente construido en el Hospital Universitario "General Calixto García", que se llamó Instituto del Cáncer y que tuvo el honor de ser reconocido en 1935 con la aprobación del Colegio de Cirujanos Americanos, primer hospital de Cuba en alcanzarla. Martínez fundó y dirigió hasta su muerte en 1948 el Boletín Científico de la Liga contra el Cáncer. En 1949 el Instituto del Cáncer cerró sus puertas y todas sus dependencias fueron trasladadas al recién inaugurado Hospital Oncológico Madame Curie.

El Hospital Oncológico Madame Curie fue creado en 1947 gracias en gran medida a las donaciones de María Bonet viuda de Falla y sus familiares. Ellos crearon también la Liga Contra el Cáncer, que una vez al año se dedicaba a recoger donaciones en las calles. En la actualidad se le conoce como el **Instituto Nacional de Oncología y Radiobiología (INOR)** y está situado en la Calle 29 esquina a F, en el Vedado y es el centro de referencia nacional para enfermos de cáncer.

Instituto de Cirugía Ortopédica [45, 46]

Instituto de Cirugía Ortopédica, ahora
Hospital Ortopédico Fructuoso Rodríguez.

En 1934 La Habana fue azotada por una epidemia de poliomielitis que produjo una alta tasa de mortalidad. El gobierno dictó el Decreto No. 1312 del 12 de noviembre de 1942 creando el "Patronato de la Prevención y Asistencia de la Poliomielitis y demás afecciones que produzcan deformidades e invalidez" y se designó al Dr. Alberto Inclán y Costa (1890-1965) como su presidente. El objetivo fundamental de este Patronato era procurar los fondos requeridos para crear una institución que se dedicara a luchar contra las secuelas de la poliomielitis y que también atendiera otras afecciones invalidantes o deformantes. Fue así que se tomó la decisión de construir lo que se llamó el Instituto de Cirugía Ortopédica, localizado en la Avenida de los Presidentes (Calle G) esquina a 29 en terrenos que pertenecieron a la fortaleza militar del Castillo del Príncipe. Se inauguró el 30 de junio de 1945 y su primer director fue el doctor Raúl Rodríguez Gutiérrez.

En 1957, en la época de la lucha contra la dictadura de Fulgencio Batista, estudiantes de la Federación Estudiantil Universitaria (FEU) tomaron el hospital en acción revolucionaria y le dieron a la institución el nombre de Fructuoso Rodríguez, Secretario General del Directorio Revolucionario, asesinado el 20 de abril de 1957. Se nombró entonces, director al doctor Antonio Ponce de León Carrillo y como Cirujano General al doctor Isidoro Pascau. En la actualidad el hospital sigue funcionando como el **Hospital Ortopédico Docente "Fructuoso Rodríguez"**.

Hospital Infantil Ángel Arturo Aballí [47]

El Profesor Aballí, pionero de la Pediatría cubana, hizo énfasis en la necesidad de crear instituciones para el diagnóstico y tratamiento de la tuberculosis infantil que en su época constituía un serio problema de salud pública en Cuba. Solo existía una sala de Pediatría en el Hospital Nuestra Señora de las Mercedes. En 1929 se crea la Liga Contra la Tuberculosis Infantil. Aballí propició la creación de un dispensario para niños tuberculosos, el Dispensario Calmette, un preventivo para lactantes, el Preventivo Grancher y el preventivo Martí en Cojimar. Finalmente, logró la creación de una sala para niños enfermos de tuberculosis en el Sanatorio La Esperanza. Debido a su infatigable esfuerzo se construyó en 1944 el Sanatorio Infantil Anti-Tuberculoso Dr. Ángel Arturo Aballí al costo de 800,000 pesos, por el arquitecto Luis Dauval. El edificio se levanta sobre la loma de San Juan en el Km 8 de la Carretera de Bejucal, en Arroyo Naranjo. La utilización de los nuevos agentes antituberculosos en la década de

1950, cambió radicalmente la forma en que se trataba la tuberculosis y, por consiguiente, cambió el rumbo del hospital y en 1956 este pasó a ser un Hospital Infantil General con el nombre de **Hospital Materno Infantil Dr. Ángel Arturo Aballí.**

Hospital Infantil de La Habana Doctor Ángel Arturo Aballí.

Hospital Municipal Infantil de La Habana [48-50]

Fue el primer hospital pediátrico de Cuba. Inaugurado en 1934 en la Avenida de los Presidentes o calle G, y las calles 29, 27 y F, en el Vedado. En su época de esplendor, prestó servicios en todas las especialidades médicas y quirúrgicas infantiles, con una capacidad de 500 camas. Su arquitectura era estilo Art Decó, en boga en aquel momento y sus arquitectos fueron Félix Cabarrocas Ayala y Evelio Govantes Fuertes. En 1961 se le dio el nombre de Hospital Municipal Infantil Pedro Borrás Astorga, en honor del joven estudiante de medicina que murió en Playa Girón. Durante el llamado "Período Especial" en la década del 90 comenzó su proceso de depauperación por la falta de recursos para su mantenimiento y debido a su ruinoso estado, finalmente fue demolido en enero de 2015, en respuesta a numerosas quejas de los vecinos, ya que las ruinas del edificio se habían convertido en refugio par a maleantes, adictos y toda clase de actividades sexuales.

Hospital Municipal Infantil Pedro Borrás, en ruinas siendo destruido.

Hospital Pediátrico Marfan [51, 52]

Situado en la Ave. 17 No. 801 esquina a 2, en el Vedado. No puede haber mejor descripción de cómo funciona este hospital en la actualidad, que la que nos proporciona Luz Escobar en el blog

14ymedio de 15 de julio de 2019. Una niña de 9 años es diagnosticada de dengue en el policlínico y remitida para ser ingresada en el Hospital Pediátrico Marfan. La ambulancia que la había de trasladar tardó más de una hora en llegar. En el vehículo no había ningún equipo médico, solo un banco destartalado. El doctor de guardia le informó a la madre que no había camas disponibles, aunque poco después se liberó una cama y la paciente recibió su hoja de ingreso. El empleado que debía concluir el trámite estaba almorzando y cuando regresó 45 minutos más tarde, le habían robado el bolígrafo por lo que demoró media hora más en llenar los papeles. Con la demora, la cama volvió a ocuparse y la niña tuvo que esperar hasta horas de la tarde en que se liberó una cama y fue finalmente ingresada. Poco después de ingresada, llegaron al hospital el padre, la abuela y otros parientes acarreando desde pomos con agua hervida hasta comida, un ventilador, un cubo, sábanas y toallas. A la segunda jornada sin fiebre, la niña recibe el alta.

Hospital Pediátrico Marfan.

Todo el mundo tiene una anécdota que contar acerca de las demoras, las carencias y el deplorable estado de los hospitales públicos, en contraste con el esmerado servicio que reciben los extranjeros que pagan con dólares y los de la alta jerarquía del gobierno, en hospitales expresamente dedicados a ese servicio, como veremos cuando tratemos del Hospital Cira García (antigua Clínica Miramar) y el Hospital Hermanos Ameijeiras.

Hospital Militar de Columbia [53]

Hospital Militar Carlos J. Finlay.

Desde la primera intervención norteamericana se fundó en el campamento Militar de Columbia un hospital militar con barracas de madera. Bajo el gobierno del General Mario García Menocal se hizo evidente la necesidad de construir un hospital para el ejército, por lo que se comienzan a levantar algunos pabellones de mampostería, aislados. Fue bajo el gobierno constitucional de Fulgencio Batista (1940-1944) que se construyó el Hospital Militar, que fue inaugurado el 4 de septiembre de 1943, en los terrenos del campamento de Columbia frente a la Avenida 31, entones conocida como Avenida de Columbia.

Proyectado y construido por el arquitecto José A. Pérez Benitoa, se trata de un enorme edificio monobloque de planta rectangular cerrada, que ocupa originalmente un área de 19 mil m2, de seis pisos y una torre al centro que le adiciona otras cuatro plantas. El hospital está construido de hormigón armado con paredes de ladrillos, los pisos de terrazo y el exterior cubierto con piedra Jaimanitas. Su capacidad inicial era de 400 camas. Al triunfo de la revolución se le designó **Hospital Militar Central Dr. Carlos J. Finlay.**

Hospital Nacional [54-56]

Situado en la Calzada de Aldabó No. 11117 entre Calle E y 100, Reparto Altahabana, Boyeros. Este hospital se comenzó a construir durante el gobierno del dictador Fulgencio Batista, pero nunca se terminó. Al triunfo de la revolución, en 1959 la Dra. Martha Frayde Barraqué que había tenido un ilustre pasado en la lucha contra Batista. fue nombrada directora del hospital y de la Escuela de Enfermeras anexa, con la misión de dotar al hospital de los equipos necesarios y ponerlo a funcionar. Y el 12 de junio de 1961 fue inaugurado.

Debo añadir que tuve la oportunidad de trabajar en el Hospital Nacional desde su inauguración hasta 1962. La Dra. Frayde, a quien había conocido anteriormente, me ofreció una plaza de jefe de uno de los 4 servicios de medicina que tenía el hospital. Para mí fue una experiencia maravillosa. La Dra. Frayde lo había organizado siguiendo los patrones de los hospitales norteamericanos, con conferencias semanales donde se presentaban casos interesantes (los "Grand Rounds"), comités de auditoría, conferencias de morbilidad y mortalidad, etc. Tenía a mi cargo una sala con pacientes ingresados y un equipo compuesto de un asociado, el Dr. Roberto Caso, médicos residentes, internos y estudiantes, de modo que era una posición de enseñanza. También tenía una Consulta Externa. Pero esta luna de miel duró poco, ya que la dirección del hospital me ofreció una plaza de profesor de medicina de la Universidad de La Habana. Como mi maestro, el Dr. Pedro Iglesias y Betancourt, junto con otros prestigiosos profesores, fueron sumariamente despedidos por los nuevos jerarcas de la facultad de medicina, decidí que consideraba una traición a la memoria de mi maestro si aceptaba la posición y así se lo hice constar a la Dra. Frayde. Ella me informó que este era un ofrecimiento que no podía rechazar. Si no lo aceptaba, tenía que renunciar y así lo hice en ese instante. Esto estaba ocurriendo a mediados del año 1962, y Martha Frayde no duró mucho más tiempo, pues como veremos estaba enseñando en París en 1963. Guardo un gran respeto por esta ilustre compatriota, por lo que añado aquí parte de su biografía.

Hospital Nacional Enrique Cabrera.

La Dra. Martha Frayde y Barraqué se graduó en 1946 de la Facultad de Medicina de la Universidad de La Habana. Sirvió un "fellowship" en la Universidad de McGill en Montreal. Fue directora del Hospital Nacional (1959-1963). De 1963 a 1964 enseñó ginecología en el Hospital Broca de Paris y fungió como delegada de Cuba ante la UNESCO. Pero cuando retornó a Cuba, le expresó a Castro su alarma por su cercana relación con la Unión Soviética. Terminó en una prisión de mujeres delincuentes comunes condenada a ¡29 años de cárcel! En 1979 por la influencia de notables intelectuales de todo el mundo, fue indultada y se refugió en Madrid, donde murió a los 93 años el 4 de diciembre de 2011. Sus documentos los donó a la Cuban Heritage Collection, Biblioteca de la Universidad de Miami, y su colección de arte al museo de esa institución.

En 1962 llega a Cuba el profesor mexicano Enrique Cabrera Cossio, cardiólogo del Instituto de Cardiología de México, especializado en electrocardiografía. Cabrera llegó a Cuba con su familia y se integró a la facultad del Hospital Nacional en 1963. El Dr. Cabrera falleció prematuramente a los 45 años, en el hospital del Kremlin en Moscú, el 9 de enero de 1964. El Hospital Nacional desde entonces se denomina **Hospital General Docente Dr. Enrique Cabrera.**

Hospital Militar Central Luis Soto Díaz (Hospital Naval) [57, 58]

Localizado en La Habana del Este, se originó por decreto del 14 de abril de 1954, en el que se ordena la creación del Hospital Naval 10 de Marzo, durante la dictadura de Fulgencio Batista. Se colocó la primera piedra el 9 de agosto de 1954. Al triunfo de la revolución, el edificio estaba en sus fases finales de construcción y pasó a ser una dependencia del Ministerio de las Fuerzas Armadas (MINFAR). En abril de 1961 los presos combatientes de Playa Girón, fueron trasladados a este hospital, que todavía no funcionaba como tal. Finalmente se inauguró el 3 de diciembre de 1962 y se le dio el nombre de Dr. Luis Díaz Soto, un médico comunista que se destacó en la lucha contra Machado y después fue director del Centro Benéfico

Jurídico de Trabajadores de Cuba. Este hospital y el Hospital Militar de Columbia, son los hospitales que componen los Servicios Médicos de las FAR, y prestan servicio a los militares cubanos y a la población civil en general.

Hospital Naval, en La Habana del Este.

Hospital Clínico Quirúrgico "Hermanos Ameijeiras" [59, 60]

Localizado en San Lázaro y Belascoain. Como se describe arriba, el hospital ocupa el terreno que originalmente albergaba la Casa de Beneficencia y Maternidad, que en tiempos del gobierno del General Fulgencio Batista fue demolido para construir un edificio para el Banco Nacional de Cuba, que nunca se llegó a terminar. Durante la revolución se construyó en ese lugar el Hospital Hermanos Ameijeiras, el que finalmente se inauguró, 23 años después, el 3 de diciembre de 1982, llamado así en honor de 3 hermanos considerados mártires de la revolución, que vivieron en esa zona. El hospital, en palabras del sistema fue "creado por la revolución para brindar al pueblo una atención en el ámbito de los mejores centros de su clase en el mundo".

En su película *Sicko,* Michael Moore, en 2007, pretende demostrar que el cuidado médico que reciben los cubanos es igual o mejor que el que se practica en los Estados Unidos, sin costo para el paciente. Moore llevó a un grupo de norteamericanos que fueron atendidos en el Hospital Hermanos Ameijeiras y que en los Estados Unidos no hubieran tenido los recursos para pagar por ese servicio. El periodista John Stossel de ABC en su investigación pudo demostrar que este hospital provee cuidado médico solo a la élite del gobierno cubano y a los extranjeros que pagan en dólares, pero sus servicios no están accesibles al pueblo cubano.

Hospital Hermanos Ameijeiras.

Hospital Pediátrico Docente Juan Manuel Márquez [61, 62]

Este hospital fue construido en los terrenos que pertenecieron al Cuartel de Columbia en los tiempos de Fulgencio Batista, en la Avenida 31 esquina a 76, Marianao y se inauguró el 30 de noviembre de 1989. Consta de 4 edificios, uno de 7 niveles, dos de tres y un bloque de un nivel. Tiene 337 camas y 9 salones de operaciones.

Ofrece asistencia hospitalaria a una población de 420,000 niños y adolescentes de los municipios de Marianao, Playa y La Lisa, Además ofrece atención a pacientes quemados, pacientes con fibrosis quística y trasplantes de médula óseas de toda la Isla,

Hospital Pediátrico Juan Manuel Márquez.

CAPÍTULO 2

CENTROS REGIONALES MUTUALISTAS

Historia de los Centros Regionales Mutualistas y sus Casas de Salud o Quintas [63]

Las Casas de Salud, llamadas "Quintas", no eran más que hospitales privados, con un sistema llamado "mutualista", en el que el socio pagaba una cantidad mínima mensual (2.00 a 2.75 pesos) y tenía derecho a la asistencia hospitalaria, medicinas, cirugía, visitas a domicilio y laboratorios, amén de actividades sociales. Estos centros se crearon para atender a la clase media y media-alta, que no quería ser asistida en los hospitales públicos que atendían a las clases más humildes. Así surgieron las Quintas de los Centros Regionales españoles.

Después de la Paz del Zanjón, que dio fin a la Guerra de los Diez Años (1868-1878), los españoles pensaron que habían ganado la guerra definitiva y no solo se quedaron en Cuba, sino que empezaron a llegar de España. jóvenes que venían en busca de un futuro mejor. Al terminar la Guerra de Independencia en 1898 e instaurada la República en 1902, no se marcharon y se integraron al desarrollo de la nación cubana. Estos inmigrantes eran por lo general jóvenes, que llegaban a buscar fortuna y empezaban como dependientes de bodegas, ferreterías, almacenes, carnicerías, etc. durmiendo en la trastienda del negocio, sobre los sacos de arroz o frijoles y bajo la protección de "un tío" dueño del negocio, eran llamados "el sobrin" y en muchos casos después de grandes sacrificios, terminaban creando sus propias empresas y convirtiéndose en acaudalados miembros de la sociedad cubana. Entre 1902 y 1914, 356,221 españoles emigraron a Cuba.

Ellos se agruparon de acuerdo con la zona de España de donde procedían, Galicia, Asturias, Islas Baleares, etc., con la excepción de los miembros del Centro de Dependientes del Comercio de La Habana, que como su nombre indica, se agrupaban sin consideración a la zona de origen del inmigrante. Así surgieron los llamados Centros Regionales.

Estos centros cumplieron una función social de suma importancia: lograron tener un local social donde daban bailes y comidas típicas, crearon escuelas primarias y secundarias, escuelas de baile y de música. Crearon también Cajas de Ahorro, pero la función más importante fue la labor de asistencia de la salud que estos centros ofrecieron.

Asociación de Dependientes del Comercio de La Habana [64-69]

Fue fundada el 11 de abril de 1880 y en sus inicios estuvo integrada principalmente por españoles, con una alta participación de asturianos, montañeses y gallegos. Su primer presidente fue Emeterio Zorrilla, un hacendado que más tarde sería el dueño del Central Zorrilla en Los Arabos, Matanzas. Según consta en las Memorias de la Asociación, en sus estatutos se recoge entre los objetivos, " la unión de los dependientes para su mejoramiento moral y material por medio de la instrucción en escuelas que se establecerían en el local del Centro, veladas y reuniones familiares para el grato, ameno y solaz esparcimiento" .

El primer local, como Centro de Instrucción, se estableció en diciembre de 1881 con el nombre de Ateneo del Comercio, que al siguiente año se cambia para Centro de la Asociación de Dependientes del Comercio. La sede del Centro tuvo varias direcciones durante las últimas dos décadas del siglo XIX y principios del siglo XX. Durante estos años, las artes, la cultura popular, la enseñanza y la salud fueron el eje existencial de la Asociación. En 1884 se creó la **Casa de Salud "La Purísima Concepción"**, la más antigua del país y ya avanzado el siglo XX, la Escuela de enseñanza hasta el nivel secundario, ubicada en la avenida Buenos Aires y Consejero Arango, en el Cerro.

Al caminar por el Paseo del Prado hacia el mar, vemos entre las calles de Trocadero y Colón, un edificio cuya arquitectura tuvo como inspiración el Palazzo Loredan-Vendramin Calegi, de Venecia. En la mañana del 4 de agosto de 1907 se inauguró en su planta baja, el Centro, sede de la Asociación de Dependientes del Comercio de La Habana (ADCLH) con una misa solemne a la que asistió el Sr. Obispo de la Diócesis de La Habana, Pedro Ladislao González y Estrada. El coro estuvo dirigido por el Maestro Gaspar Agüero y la cantante Sofía Zorrilla interpretó el Ave María. En la noche, en sus engalanados salones se celebró una velada inaugural con un concierto de variada y selecta música.

El Centro constaba de tres plantas con gran profusión de mármoles y luces y como curiosidad, fue el primer edificio donde se empleó el hormigón armado en Cuba. En sus salones se enseñaron el dibujo, las danzas españolas, la literatura, la gramática castellana, el solfeo y el piano, así como la música coral. De sus aulas se graduó Gonzalo Roig en 1907.

En diciembre de 1907 los socios ascendían a 26,269, en su mayoría empleados en el comercio, bien como dependientes o como pequeños propietarios. Con el devenir de los años, el Centro agrupó los intereses del sector comercial español, desde las capas más humildes hasta las esferas más altas del poder económico. Esto dejó una huella imborrable en la sociedad cubana, en la habanera en particular y su legado espiritual y material forma parte de la identidad y cultura cubanas. En la actualidad el local del antiguo Centro lo ocupa la Escuela Cubana de Ballet.

Quinta Dependiente. Pabellón Romagosa.

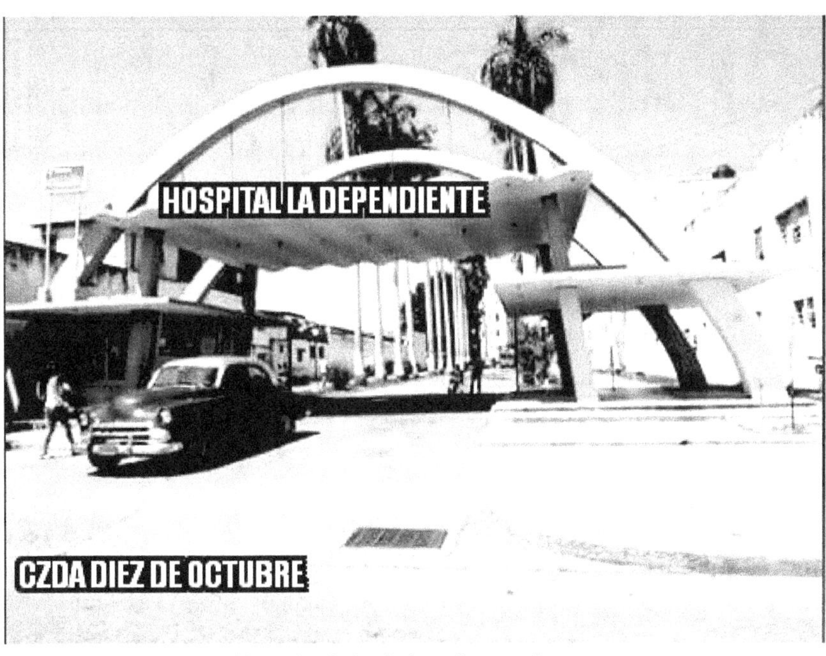

Entrada de la Quinta Dependientes.

Casa de Salud "La Purísima Concepción"

Ubicada entre las calles Alejandro Ramírez al oeste, Agua Dulce al este, Buenos Aires al sur y Avenida 10 de Octubre al norte (ver mapa en la siguiente página), en un terreno de 100 mil metros cuadrados, de exuberante flora tropical, que fue la Casa Quinta del conde O'Reilly. Se le conoce también como el **Centro de Dependientes**, por ser el centro fundado por la ADCLH para la atención de la salud de sus asociados. Tiene el privilegio de haber sido el primer centro de salud regional de su época. Comenzó su construcción en 1883 y fue inaugurado el 3 de agosto de 1884 y contaba con 25 pabellones. Fue en la Quinta de Dependientes cuando en 1907 se realizó por primera vez en Cuba y por segunda vez en América, una sutura de corazón. El Dr. Bernardo Moas, primer cirujano de la clínica se la practicó a un paciente que sobrevivió 18 días, lo que se consideró todo un éxito dado el estado de la medicina en esa época. Fue también en este centro donde funcionó en 1958 el primer servicio de parto sin dolor que existió en Cuba. Lo introdujo el doctor José Ramón Fernández cirujano y partero del centro

Tuve la gran oportunidad de trabajar en la Quinta de Dependientes durante los últimos años que viví en Cuba (1961-1964). Comencé como Médico de Guardia, que consistía en tener una consulta externa diaria de lunes a viernes y una guardia nocturna en rotación con los otros médicos de guardia. Recuerdo como anécdota simpática, cuando un día entra en mi oficina un socio de edad madura, cargando una pesada maleta y me dice "vengo a ingresar para hacerme un chequeo". Yo, joven e inexperto, le respondí que para hacerse un chequeo no tenía que ingresar y que yo se lo podía hacer en la oficina. Insistió, que él era del "interior" y por eso venía a ingresar. De nuevo, le expliqué que la clínica no era un hotel y me negué a ingresarlo. El señor salió disparado de mi oficina arrastrando su maleta y al poco rato, oigo que viene con el administrador de la clínica, quien se dirige al médico que consultaba en la oficina al lado de la mía, y oigo cuando lo ingresan. Al final de mi turno, tenía un mensaje del administrador, que muy respetuosamente me explicó que los socios se consideraban con el derecho a ingresar cuando a ellos les convenía, y que no debía de antagonizarlos. ¡Lección aprendida! ...novatada pagada.

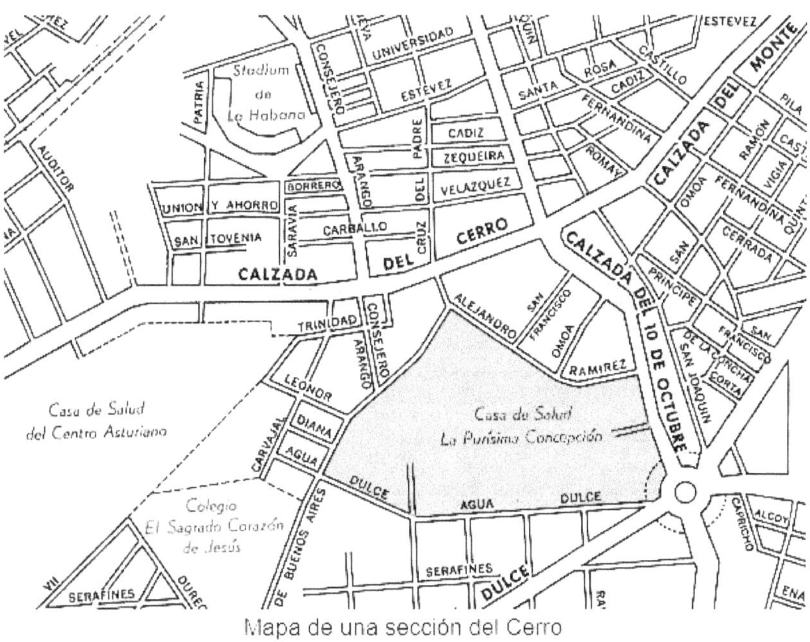

Mapa de una sección del Cerro

Más tarde trabajé de Médico de Visitas a Domicilio. La Quinta tenía unos automóviles de dos puertas, que llamábamos "las cuñas", todas pintadas de verde con el escudo de la asociación en la puerta y un chofer. Teníamos que hacer un máximo de 15 visitas por turno de unas 3 horas. Los choferes se conocían las calles de La Habana y sus barrios colindantes, como la palma de sus manos y organizaban el recorrido geográficamente con gran eficiencia. Teníamos que atender niños, adultos y ancianos con toda clase de problemas. En épocas de epidemias (sarampión, paperas, varicela, etc.) casi todas las visitas eran de casos de la epidemia. Como en Cuba, en aquella época no eran comunes los elevadores, tenía que subir y bajar escaleras frecuentemente, pero yo, en mi juventud, podía hacerlo saltando escalones de dos en dos, cosa que ahora me parece inverosímil…

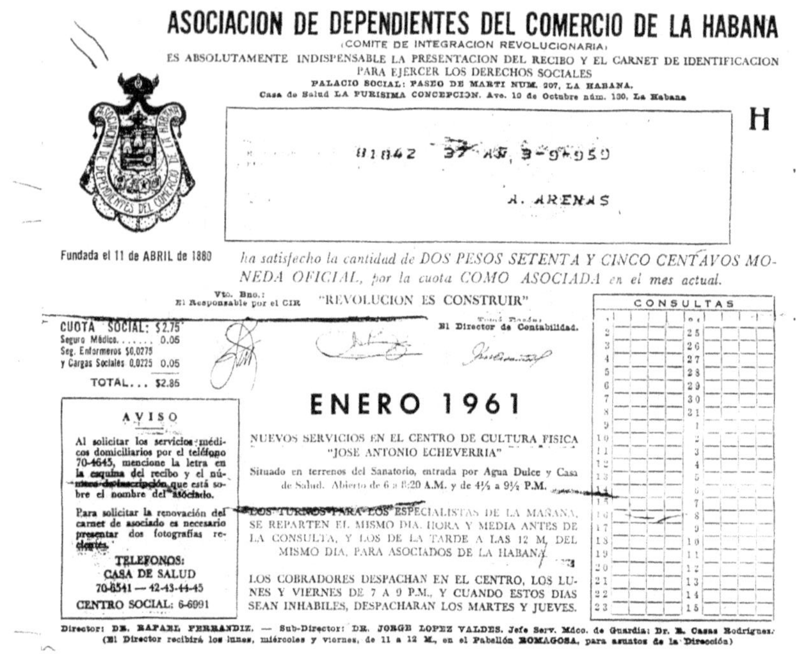

Recibo de asociado: cuota mensual 2.75 pesos.

Sección del reverso del recibo donde se encuentra mi nombre como Médico de Asistencia a Domicilio.

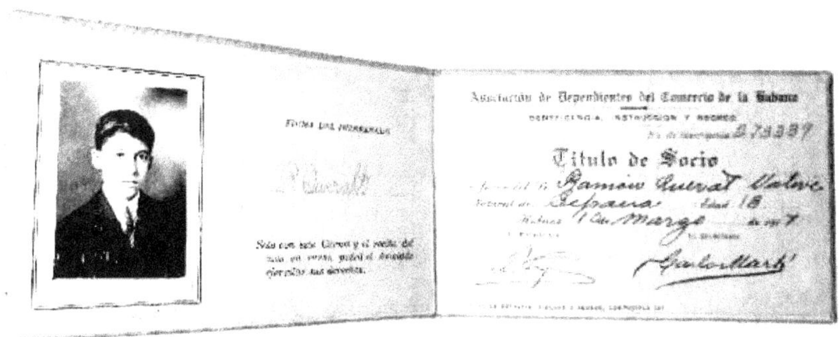

Carnet de socio de la Asociación de Dependientes del Comercio de La Habana

Mi siguiente posición fue a cargo de una sala especial que crearon que denominaron Sala de Clasificación. Todos los ingresos del Cuerpo de Guardia o de las Visitas a Domicilio pasaban por esa sala, y era mi función evaluar cada caso dentro de las próximas 48 horas, que debía tomar la decisión de ingresar al paciente en la sala de la especialidad que le correspondía o darle de alta. Este sistema ahorró a la Quinta muchas hospitalizaciones innecesarias.

Poco tiempo después me ascendieron a la máxima posición de jefe de un pabellón de Medicina Interna y una Consulta Externa de esta especialidad. Pero… no duré mucho en esa posición porque el 9 de mayo de 1964, al fin, después de saltar numerosos obstáculos, pude salir de Cuba al exilio.

Al triunfo de la revolución comunista, el Centro de Dependientes fue intervenido, y en la actualidad la Quinta de Dependientes se denomina **"Hospital Clínico-Quirúrgico 10 de Octubre"**

Centro Asturiano de La Habana [70-76]

Fue fundado en 1886 y fue una de las asociaciones de socorro y ayuda mutua más importantes de los inmigrantes españoles en Cuba.

Las fuerzas impulsoras en la fundación del Centro Asturiano fueron tres: la Sociedad Coral Asturiana, la Sociedad de Festejos La Covadonga y el semanario El Heraldo de Asturias. La Coral fue la primera organización en Cuba en ostentar el nombre de Asturias y se integró en 1874 por jóvenes del comercio. Se localizaba en los altos de la bodega La Patria en Reina y Ángeles. La Sociedad de Festejos La Covadonga, de corta vida, fue fundada en 1884 y sus actividades se llevaban a efecto en el Circo Teatro Jané. El Heraldo, fundado en 1885 era dirigido por Lucio Suárez Solís y tenía sus oficinas en un cuarto interior del tren de lavados El Fénix, en Lamparilla 66.

La colonia asturiana era la más numerosa entre los españoles y comprendía trabajadores de fábricas de tabaco en los barrios extramuros, almacenes de víveres y tejidos de la Habana Vieja, fondas, bodegas y cafés.

Por aquella época existía el Casino Español, cuya directiva estaba integrada por altos funcionarios y poderosos señores, por lo que los trabajadores de pocos recursos veían al Casino Español como una sucursal del Ministerio de Ultramar de Madrid, con los que muy poco tenían en común y primaba el criterio que las sociedades de beneficencia y los centros regionales eran perjudiciales al Casino Español al restarle membresía.

Así las cosas, a principios de 1886 cobró fuerza el proyecto de constituir la entidad regional asturiana, con el apoyo de El Heraldo de Asturias. Movilizados tabaqueros, tenderos y dependientes de cafés, el 2 de mayo de 1886 se reúnen en la sede de la Coral Asturiana 50 entusiastas, donde se acuerda la creación del Centro Asturiano. Para efectuar la primera asamblea solicitaron los salones del Casino Español, que les fue denegado: "no se puede conceder el local porque aquí no se reúnen descamisados". La Asamblea se llevó a cabo en el Centro Catalán de Prado 123.

El Centro Asturiano, considerado poco antes un absurdo imposible, ahora estaba organizado con vida propia, sólidamente afincado con más de dos mil afiliados. La primera secretaría de la sociedad radicó en Reina 20, pasando después al edificio del restaurante El Louvre, por el fondo, en la calle Consulado. El Heraldo de Asturias se convirtió en su órgano oficial. Para presidir la directiva se eligió a Manuel Valle Fernández, industrial tabaquero llegado a Cuba muy joven en la década de 1880. La labor de este hombre al frente de los destinos del Centro durante 10 años fue tan destacada, que aún hoy su estatua preside el parque frente al edificio administrativo de la que se llamó La Quinta Covadonga, hoy Hospital Salvador Allende.

Inicialmente el lugar elegido para la edificación del Palacio del Centro Asturiano fue lo que se conocía como zona del Aplech, terrenos situados en Neptuno entre Zulueta y Monserrate, pero por falta de fondos el proyecto fue engavetado.

En junio de 1887 el Centro festejó su primer aniversario adquiriendo legalmente la propiedad cita en San Rafael no. 1. Pero como no estaban en condiciones económicas para comenzar las obras de renovación del edificio, decidieron alquilarlo al Casino Español por un año, plazo que expiraba en agosto de 1889. El Casino se negó a desalojar el edificio y la orden de desalojo requirió una larga jornada de fallos y recursos judiciales hasta que el Tribunal Supremo del Reino, en diciembre de 1890, falló a favor de los asturianos.

Poco después comenzaron las obras de restauración del edificio, convirtiéndose la planta alta en uno de los mejores salones de La Habana de entonces. El edificio se inauguró en diciembre de 1892, la institución contaba 6 años de existencia y 7 mil asociados.

En 1914 se adquirió la mitad restante de la manzana compartida con el Teatro Albisu, que fue demolido y en su lugar se construyó el Teatro Campoamor. El 24 de octubre de 1918 un voraz incendio destruyó las instalaciones del Centro, pero no tocó el Teatro Campoamor. No obstante, al proyectarse la edificación del nuevo Centro Asturiano, el teatro Campoamor fue demolido y la nueva edificación del Centro ocupó toda la manzana, siendo inaugurada el 20 de noviembre de 1927. Las oficinas del Centro Asturiano se trasladaron provisionalmente para el palacio construido en la acera opuesta al Parque Central por el Muy Ilustre Centro Gallego de La Habana.

Viejo Edificio del Teatro Campoamor antes de que fuera destruido por el incendio del 24 de octubre de 1918.

Muy valiosa fue la labor de instrucción y difusión cultural iniciada entre los asociados desde los primeros tiempos, con la apertura de cursos nocturnos. En el edificio social se mantuvieron escuelas para niñas y varones en horario diurno y nocturno, en niveles elemental y superior de comercio. Ya por los años 1930 en el **Plantel Jovellanos** recibían instrucción más de 2 mil alumnos. También ofrecían cursos de danza y baile español y cursos de guitarra española. La biblioteca "Labra-Parajón" llegó a contar con 30 mil volúmenes. Los salones para fiestas se reservaban sin costo alguno y lo que se consumiera era a precios preferenciales. Así mismo había numerosos salones para leer la prensa, revistas, juegos de cartas, ajedrez, damas y billar. El socio podía consumir sándwiches, chorizos y jamón gallego, así como vinos, cervezas, sangría o jugos, todo a precios mínimos.

El Palacio del Centro Asturiano y el Parque Central.

La sociedad llegó a contar con 130 delegaciones en las principales ciudades de Cuba y tres en los Estados Unidos, en Tampa, Cayo Hueso y Nueva York. También existían delegaciones en Santo Domingo, República Dominicana y en Oviedo, Asturias. En 1930 el número de asociados alcanzó la cifra de 60 mil y a fines de los años 50 alcanzó los 80 mil. Para esta fecha el Plantel Jovellanos se había trasladado a la finca San José o Trujillo en un magnífico edificio con frente a la Calzada de Buenos Aires, en comunicación con la Quinta Covadonga. Allí también funcionó el Hogar de Ancianos del Centro Asturiano. En estos años finales el presupuesto de la institución alcanzó los dos millones setecientos mil pesos de los cuales se destinaba un millón novecientos mil para la Quinta Covadonga y el resto para las escuelas Jovellanos.

Casa de Salud "Quinta Covadonga"

El 4 de abril de 1895, Don Manuel Valle, entonces Presidente del Centro Asturiano, informó a la Junta Directiva de la compra de una finca en la Calzada del Cerro, que pertenecía a Doña Leonor Herrera, mediante contrato firmado con Don Teodoro de Zaldo, esposo de Doña Leonor. En abril de 1896 el Centro Asturiano colocaba la primera piedra de su propia casa de salud, a la cual darían por nombre "Covadonga", en recuerdo a la victoriosa batalla de la que surgiera la monarquía asturiana. Un año más tarde, en marzo de 1897 quedaba inaugurada con tres pabellones, "Valle", "Argüelles" y "García Marqués" a los que se agregaría un cuarto, "Saturnino Martínez", todos en homenaje a sus más generosos benefactores: Manuel Valle Fernández, Ramón Argüelles Alonso, Marqués de Argüelles, Rafael García Marqués y Saturnino Martínez Martínez, todos presidentes del Centro Asturiano. Como queda dicho anteriormente, la labor de Manuel Valle Fernández durante su presidencia fue de tal envergadura, que todavía su estatua se levanta en los terrenos de La Covadonga.

La Quinta Covadonga. Estatua de Don Manuel Valle Fernández, primer presidente del Centro Asturiano.

Nuevos pabellones se construirían en años posteriores con los nombres de los presidentes del Centro Asturiano o de los médicos directores de la casa de salud. Así quedó constituida una verdadera ciudad hospitalaria con 18 pabellones, avenidas, jardines y varios hermosos parques.

La casa de salud funcionaba con el sistema llamado mutualista, en el que el socio pagaba una irrisoria cuota mensual de 2.00 a 2.75 pesos y tenía derecho a todos los beneficios del sistema de salud, incluyendo medicinas, laboratorio clínico, hospitalización, intervenciones quirúrgicas y visitas a domicilio. Y contaba con un excelente cuerpo de facultativos que cubrían todas las especialidades. El primer director fue el doctor Manuel Bango León (1844-1928), eminente cirujano cubano, profesor de Clínica Quirúrgica y Decano de la Facultad de Medicina de la Universidad de La Habana, quien lo dirigió hasta 1909. Le siguió el doctor Agustín de Varona y González del Valle (1867-1934) que fue profesor de Clínica Quirúrgica de la Universidad de La Habana y fue sustituido por el doctor José A. Presno Bastiony (1876-1953) figura eminente de nuestra cirugía, Decano de la Facultad de Medicina y Rector de la Universidad de La Habana.

Quinta Covadonga, Pabellón Juan Barces Conde.

La Casa de Salud Covadonga va a llegar a ser el principal centro médico mutualista de Cuba, con servicios de cirugía, medicina interna, cardiología, hidroterapia, oftalmología, laboratorio clínico, anatomía patológica y tisiología, todos de alta calidad científica, donde laboraron numerosos médicos cubanos eminentes, entre ellos, los doctores Juan Santos Fernández Hernández (1847-1922) oftalmólogo de prestigio internacional, Luis Ortega Bolaños (1872-1948) y Octavio Montoro y Saladrigas (1891-1960), internistas de renombre; Alberto Recio Forns (1885-1956), laboratorista, Nicolás Puente Duany (1899-1991) patólogo y cancerólogo de fama internacional y Gustavo Aldereguía Lima (1895-1970) tisiólogo.

Recibo de asociado del Centro Asturiano de La Habana, fechado en el año 1930. Cuota mensual 2.00 pesos.

Covadonga llegó a tener una extensión de 241,000 m^2 y su costo se calcula fue de 5 millones de pesos. Su historia recoge el hecho de que aquí se escribieron los últimos capítulos de la fiebre amarilla en Cuba cuando se diagnosticaron los dos últimos casos que hubo en la

Isla. También y junto con la Quinta de Dependientes, fueron los dos primeros hospitales que tuvieron un electrocardiógrafo en el país.

En 1959 el advenimiento de la revolución comunista, con el consiguiente éxodo de las clases empresariales, marcó la inevitable declinación de las agrupaciones regionales en Cuba. El Palacio de los Asturianos fue incautado y convertido en la sede de la Asociación de Amistad Cubano-Española y más tarde el Palacio Nacional de Pioneros y la sede del Tribunal Supremo. Desde el año 2000 sirve de sede al Museo Nacional de Bellas Artes. La Casa de Salud Covadonga fue intervenida y se llama ahora **"Hospital Médico Quirúrgico Salvador Allende"**.

Centro Gallego de la Habana [77-81]

En noviembre de 1879 un grupo de estudiantes inmigrantes gallegos, decidió crear una sociedad que llamarían "Centro Gallego, Sociedad de Instrucción, Recreo y Asistencia Sanitaria". La primera junta directiva fue presidida por Nicolás Villageliú y Mandiaá, natural de La Coruña y residente de la Villa de Guanabacoa, que se destacó como uno de los notarios de más prestigio en La Habana. En 1880 deciden crear tres secciones, "recreación y adorno", "declamación" e "instrucción", esta última a cargo de una escuela general y una biblioteca. Más tarde se crearon las secciones "Lírica" y "Filarmónica".

Escudo del Centro Gallego.

En la cuadra del Paseo del Prado comprendida entre las calles San Rafael y San José, se inauguró el 15 de abril de 1838 el más importante teatro de la capital y uno de los mayores del continente, el Teatro Tacón, después conocido como el Teatro Nacional. En 1905 el Centro Gallego compró el edificio del Teatro Nacional y los terrenos aledaños y en 1907 comenzó la construcción de un edificio sede que ocuparía toda la manzana, obra del arquitecto belga Paul Belau. El Palacio del Centro Gallego de La Habana, se alza majestuoso en pleno corazón de la ciudad, en el Paseo del Prado, frente al Parque Central y ubicado entre el Capitolio y el histórico Hotel Inglaterra. Construido en estilo neobarroco, en su fachada principal tiene 4 grupos escultóricos de mármol blanco que representan alegorías de la beneficencia, la educación, la música y el teatro, obra de Giuseppe Moretti y Geneva Mercer. El Palacio se inauguró en 1913.

El Palacio del Centro Gallego.

Los objetivos del Centro Gallego fueron brindar atención médica a los inmigrantes gallegos mediante la creación del sanatorio "La Benéfica" y crear una mayor unión entre todos los inmigrantes gallegos en un lugar donde podrían recibir instrucción y esparcimiento. Al mismo tiempo, el Centro llevó a cabo el gran trabajo de promover la cultura mediante la creación de secciones líricas y filarmónicas, la realización de cursos de lengua y cultura gallega y la enseñanza de cursos de danza artística y música. En 1920 el Centro Gallego tenía 64 mil miembros. Al triunfo de la revolución comunista, el palacio se dedicó al Gran Teatro de La Habana, que más tarde se denominó Gran Teatro Alicia Alonso en homenaje a la indiscutible dama del ballet cubano.

Detalle de la fachada mostrando una de las cuatro esculturas en mármol blanco. Esta representa la música.

Otro detalle de la fachada.

El Parque Central con la estatua de José Martí,
el Capitolio y el Palacio del Centro Gallego.

Casa de Salud Quinta La Benéfica

Quinta La Benéfica del Muy Ilustre Centro Gallego.

El Centro Gallego dio un paso muy importante para garantizar los servicios de salud de sus socios, cuando decidió comprar en 1893 por la suma de 30 mil pesos, la Quinta La Benéfica. situada en Ramón Pintó No. 202 entre Ensenada y Villanueva, en Luyanó. Oficialmente la fundación de La Benéfica ocurrió el 1 de agosto de 1895. Cuando se realiza esta compra, se adquieren también solares colindantes, con el objeto de ampliar el centro médico en el futuro. Se construye un sistema de alcantarillado y se crean parques arbolados para la convalecencia de los enfermos. La Quinta funcionaba con el sistema mutualista arriba mencionado. Los médicos tenían la obligación de asistir en sus casas a los socios que lo solicitaran sin costo extra ninguno. En 1896 se construyeron tres pabellones más: una sala de operaciones, una sala para enfermos de varicela y una lavandería. En 1907 se crean tres pabellones más para la asistencia de enfermos con enfermedades infecciosas, muy comunes entonces.

La Benéfica llegó a contar en 1950 con seis manzanas de terreno, 13 pabellones, 300 camas, un gabinete de radioterapia, una planta eléctrica, servicios de hidroterapia, bacteriología, oftalmología y estomatología y un amplio personal de servicios. Todo esto por la módica cuota de 2.00 pesos mensuales por asociado. La revolución se incautó de este hospital y le puso **Hospital Clínico Quirúrgico Miguel Enriquez.**

Casa de Salud "Hijas de Galicia" [3, 82-86]

La historia de esta Casa de Salud es una historia desgarradora que muchos tratan de ignorar. Nació como una hermandad en torno a la prostitución para dar asistencia a mujeres que no tenían acceso a hospitales y morían de sífilis en las casas de recogidas.

Más de 60 mil gallegas arribaron a Cuba a fines del siglo XIX y en los años iniciales del siglo XX. Eran mujeres solas o con niños pequeños, generalmente analfabetas y por supuesto carentes de todo recurso, que terminaban como sirvientas o prostitutas. No pocas de ellas se reunieron y fundaron lo que más tarde sería la **Asociación**

Hijas de Galicia y el hospital de igual nombre. Eran la oveja negra de la emigración española y el Centro Gallego, con su poder, ocultó su existencia.

Escultura en el vestíbulo del Hospital Hijas de Galicia.

Una iniciativa promovida por un grupo de activistas feministas, entre las que se encontraban Alejandra López Chao y Jesusa Prado López constituyó el 12 de junio de 1912 una sociedad con el nombre de Solidaridad Pontevedresa que intentaría paliar la situación de sus compatriotas menos favorecidas y como contrapartida al entonces poderoso Centro Gallego que solo prestaba atención médica a los hombres. Cinco años más tarde, el 18 de enero de 1917 pasó a llamarse **Hijas de Galicia, Sociedad Sanitaria y de Auxilios Mutuos**. Entre los servicios sanitarios se encontraban clínicas, balnearios, asistencia a domicilio y despacho gratis de medicinas, El boicot del Centro Gallego contra Hijas de Galicia cesó en 1919. La institución siguió su curso. El 15 de mayo de 1927 son aprobados los nuevos estatutos, que en el artículo segundo establece: "Proporcionar asistencia sanitaria, auxilio y amparo a la mujer, especialmente de la Región Gallega. Concederá los mismos beneficios a las de otras regiones españolas y aún de diferentes nacionalidades" . En 1929 adquirió la clínica del Dr. Luis Ortega Bolaños, en la Calzada del Cerro No. 130, que pasó a llamarse **Hospital Hijas de Galicia, Sanatorio "Concepción Arenal"** en homenaje a esta mujer española abogada, periodista, poeta y autora dramática, que se considera pionera del feminismo español. Acogía solo a mujeres y a niños de ambos sexos, unos 36 mil en total hasta 1956. Disponía en esa fecha de un edificio de 8 plantas, con cinco salones quirúrgicos y diez salas de hospitalización. Laboraban allí 39 médicos y su presupuesto en 1957 fue de más de 968 mil pesos, cifra que incluía a más de la clínica, el balneario que para sus asociados poseía en Marianao y la Escuela "Concepción Arenal de Ponte". En la actualidad el Centro de Salud se llama **Hospital Materno-Infantil Diez de Octubre.**

Hospital Hijas de Galicia, ahora Hospital Materno Infantil 10 de Octubre.

Centro Castellano [87-89]

Fundado el 2 de mayo de 1909 en una época en que Cuba estaba llena de oportunidades para los inmigrantes. El discurso inaugural estuvo a cargo de Don Manuel Álvarez Valcárcel, un comerciante nacido en León. El objetivo del Centro era "fomentar la más estrecha unión entre los castellanos, sus descendientes y el pueblo de Cuba; propender al mayor realce del nombre de Castilla y de sus 16 provincias y proporcionar a sus asociados protección y asistencia en sus enfermedades y recreo". Crearon una escuela y un hospital, **la Clínica La Bondad**, localizada en la Calzada del Cerro No. 1263, con 7 pabellones y 70 camas. Posteriormente la organización se denominó **El Centro de Castilla y León de La Habana.**

Entrada a la Clínica La Bondad, Calzada del Cerro, años 30.

Asociación Canaria [90]

El 3 de junio de 1872 en el teatro Albizu, bajo la presidencia de Gabriel de Cárdenas, Marqués de Bella Vista, se procedió a fundar la Asociación Canaria de Beneficencia y Protección Agrícola, la que sería el primer intento de asociación de este grupo de emigrantes españoles. Desde este momento aparece la figura del Dr. Domingo Fernández Cubas (1833-1906) como figura prominente de este movimiento asociativo, quien a su vez jugó un papel histórico en la valiente defensa de los estudiantes de medicina acusados injustamente, en noviembre de 1871, de profanar la tumba del periodista español Gonzalo Castañón

La emigración canaria tuvo como particularidad su distribución en la zona occidental de Cuba, trayendo un gran número de emigrantes a las zonas alejadas de los centros urbanos. En el municipio de Arroyo Naranjo, los primeros poblados nacieron del incipiente desarrollo de la industria azucarera en los siglos XVII y XVIII. En la década de 1880, como hemos visto anteriormente, comenzaron a formarse agrupaciones de emigrantes españoles por su origen étnico, para proveer a sus miembros de servicios sanitarios de ayuda mutua y de instrucción.

Quinta Canaria.

El 11 de noviembre de 1906 se funda la Asociación Canaria de La Habana. En 1907 en un pabellón de la antigua Quinta del Rey se crean los primeros servicios médicos de esta sociedad, bajo la dirección de los doctores Gustavo G. Duplessis y Enrique Fortún.

En marzo de 1918 la Asociación adquirió los terrenos de la finca La Mora situada en el Km 7 de la Carretera Habana Bejucal. El 2 de febrero de 1919 se colocó la primera piedra de la nueva **Casa de Salud Nuestra Señora de La Candelaria,** en una solemne ceremonia. El 23 de abril de 1922 quedó inaugurada y llegaría a tener 11 pabellones. En la actualidad se llama **Hospital Psiquiátrico 27 de Noviembre.**

Centro Catalán [91-95]

Es una entidad fundada en Cuba en 1882 que se destacó por una marcada línea autonomista/independentista. En 1913 e impulsada por Josep Conangla Fontanilles, quien fue tres veces su presidente, se aprobaron nuevos estatutos y una declaración de principios: "...se considera una extensión social y espiritual de Cataluña en tierra cubana... y espera que sea reconocida en todos los órdenes la personalidad de nuestra tierra...El estado español está en el deber inmediato de satisfacer a Cataluña en la aspiración de la Autonomía".

La Ermita de Monserrat.

En 1885 el Centro Catalán de La Habana decidió construir una iglesia en homenaje a la Virgen de Monserrat. Se escogió el lugar que más se asemejaba a la Montaña de Monserrat que fue la Loma del Tadino. La ermita se ubicó en donde está actualmente el monumento a José Martí en la Plaza Cívica, hoy llamada Plaza de la Revolución. Por lo que de 1953 a 1958 durante la construcción del monumento a José Martí, se construyó otra ermita en el kilómetro 8 y medio de la Avenida de Rancho Boyeros. Del templo antiguo se pudieron recuperar algunos mármoles, el altar, la imagen de la virgen, los vitrales y las ventanas emplomadas.

En 1916 el Centro contaba con 600 miembros y en su obra social figuraba una escuela y la cobertura de asistencia médica para los socios en la clínica del Centro Balear de La Habana. Un hecho histórico ligado al Centro Catalán de La Habana es lo que ocurrió entre el 30 de septiembre y el 2 de octubre de 1928, cuando el presidente de la Generalitat Francesc Macià presidió en La Habana la Asamblea Constituyente del Separatismo Catalán, aprobándose la primera y hasta ahora única constitución independentista de la futura República de Catalunya, la llamada Constitución de La Habana, así como la *estelada* como bandera. La *estelada* es una bandera creada por Vincenc Albert Ballester, quien se inspiró en las banderas de Cuba y Puerto Rico, ya que tiene a más de las 4 barras rojas en fondo amarillo, un triángulo azul con una estrella blanca de 5 puntas. Desde finales de la década de 1940, el Centro publicaba una revista mensual, *La Nova Cataluña*, con artículos en defensa de la línea independentista catalana.

Centro Balear [(96-98)]

La emigración a Cuba desde las Islas Baleares no fue una de las más numerosas. La producción y exportación a Cuba de zapatos infantiles construidos en una fábrica de Ciudadela (Menorca) comenzó en 1855. Sus fundadores fueron Jeroni Cabrisas Caimaris y Gabriel Aloy Marqués, ambos residentes en Cuba. Cabrisas estaba casado con una cubana. La Sociedad de Beneficencia Centro Balear se fundó en La Habana el 11 de octubre de 1885 en una reunión de 70 isleños en los salones del Centro de Dependientes de La Habana y su primer presidente no fue un mallorquín sino un menorquín, Antonio Vila. Ostenta como blasón de orgullo ser la primera sociedad española que admitió a mujeres en igualdad de derechos con los hombres. Se dedicó a organizar la protección al inmigrante mediante la creación de comisiones visitadoras, bolsas de trabajo, auxilio social y vivienda para sus asociados.

En 1924 fue establecida en la calzada de San Miguel del Padrón No. 1615 entre Balear y Santa Francisca, municipio de San Miguel del Padrón, La Habana, la **Quinta de Salud Balear**, por el Dr. Méndez Capote. Una clínica privada que atendía exclusivamente a socios españoles y sus descendientes. En 1935 fue vendida a un grupo de jóvenes médicos. A la sazón contaba con tres pabellones llamados Ibiza, Menorca y Mallorca, donde radicaban tres salas de clínica, una de cirugía, una de ginecología y un pabellón de infecciosos.

Con la llegada de la revolución comunista, el Centro se convirtió en el Hospital General de la localidad y en la década de 1970 se convirtió en un hospital pediátrico denominado **Hospital Pediátrico La Balear.**

Hospital Pediátrico La Balear.

CAPÍTULO 3

QUINTAS SEMIPRIVADAS DEL SIGLO XIX [99]

Este grupo incluye unas Quintas establecidas en el siglo XIX que tenían pacientes que pagaban una cuota mensual mínima, al estilo de las clínicas mutualistas, pero también admitían pacientes que pagaban solo cuando recibían un servicio hospitalario y otras asistían a pacientes sin recursos sin cobrarles nada. De ahí que las hemos catalogado como "Semiprivadas".

Quinta Sanitaria Belot

Creada por el médico francés Charles E. Belot y Lorent en su primera etapa de 1821 a 1824 y reabierta en 1828 con el nombre de **Clínica San Carlos**, aunque siguió siendo conocida como la Clínica del Dr. Belot. Parece ser la más antigua de estas Quintas. Situada en el pueblo de Regla, en la Ensenada de Marimelena, al lado Este de la bahía habanera. En un principio fue utilizada principalmente por enfermos de la marina mercante extranjera. Se componía de dos edificios irregulares con dos pisos cada uno, colindantes con la bahía, donde había un embarcadero al cual atracaban las lanchas que venían de La Habana.

Quinta Garcini

La segunda en fundarse parece ser la Casa de Salud Garcini inaugurada en 1839. Situada al final de la calle Reina, al comienzo del Paseo de Tacón, hoy Carlos III. Asistía a socios, que por una cuota mensual de 1.50 pesos, tenían derecho a la asistencia médica, y otros que solo pagaban una cuota diaria de 3 a 6 pesos cuando estaban ingresados.

Casa de Salud San Leopoldo

Se fabricó por los años de 1845 en Belascoain No.17 en el barrio de San Leopoldo. La montó el médico francés Manuel Dupierres y su dueño era don Tiburcio Garadoqui. No admitía suscripciones, y se pagaban cuotas que iban de 2 a 6 pesos diarios de acuerdo con el tipo de acomodación requerida.

Casa de Salud La Nacional

Creada en 1845 por don Lorenzo de Larrazábal, situada en la Calle San Lázaro No.221. Ocupaba la terminación occidental de la manzana que media entre las calles de Escobar y Gervasio, con fachada a la referida Calzada de San Lázaro. Admitía pacientes suscriptores y los que pagaban una cuota diaria por los servicios mientras estaban ingresados.

Casa de Salud Quinta del Rey

En 1857 se creó una institución sanitaria bajo el nombre de Sociedad Comandita Ramón Vila y Compañía, en el triángulo comprendido entre las calles San Francisco, San Felipe y la Calzada de Cristina. Su administrador fue Fermín Pardiñas, y el director médico era el catalán Ramón Vila Ferrer. Cuatro años más tarde Pardiñas vendió sus acciones a Vila y a partir de 1862 la institución quedó registrada como Casa de Salud Quinta del Rey, Ramón Vila y Cia. En 1907 la Asociación Canaria comenzó a prestar servicios médicos en un pabellón de la Quinta del Rey, bajo la dirección de los doctores Gustavo G. Duplessis y Enrique Fortún, hasta que en 1911 el aumento notable de sus asociados requirió que los servicios sanitarios se trasladaran a la Quinta Toca en Avenida Carlos III esquina a Marqués González.

Casa de Salud La Marina

En el barrio ultramarino de Casablanca, admitía principalmente enfermos de las tripulaciones del puerto. En 1863 su interesado principal era don Miguel Gordillo.

Casa de Salud San Rafael

Situada en la Calle Reina No. 149, fundada con similares reglamentos a las casas mencionadas anteriormente. Fue la primera clínica de Oftalmología que hubo en Cuba, fundada por el hijo del Dr. Charles Belot En 1863 la dirigía don Francisco Saavedra y funcionó hasta 1873.

Casa de Salud Santa Rosa

Situada en el Paseo de Tacón, muy cerca de la de Garcini. En 1863 estaba a cargo de su dueño principal don N. Búsges.

Casa de Salud La Integridad Nacional

Fue fundada en 1874, durante la Guerra de los Diez Años (1868-1878) en una casa en el Paseo de Tacón, para la atención exclusiva de los españoles, llegando a atender unos 3,000 enfermos al año.

HOSPITALES PRIVADOS

Sanatorio "La Milagrosa" de la Asociación de Católicas Cubanas [100]

Hospital Pediátrico del Cerro (La Milagrosa).

Situado en la Calzada del Cerro y Santa Teresa es una de las antiguas construcciones de esta parte de la ciudad. En 1858 fue construida por el arquitecto español Manuel Benítez Uthon para María Teresa Herrera de Melgares, una de las hijas del marqués de Almendares. En 1924 esta mansión fue adquirida por la Asociación de Católicas Cubanas y en él abrieron el Sanatorio La Milagrosa, que proporcionaba asistencia en las especialidades de ginecología, obstetricia y medicina general a sus asociadas, que llegaron a ser más de quince mil. En 1958 se inauguraron obras de reconstrucción y ampliación, siendo entonces su director el reverendo padre Hilario Chaumorro C.M., presidente

Alicia Párraga de Mendoza y administradora sor Serafina Ferres. Las Hermanas de la Caridad brindaban sus servicios de enfermería. Con el advenimiento de la revolución comunista, el sanatorio se llama ahora Hospital Pediátrico Docente del Cerro.

Sanatorio Galigarcía [101, 102]

En 1928, tres hermanos psiquiatras matanceros, Manuel, Moisés y José Felipe Galigarcía y Hernández, fundaron el Sanatorio Dr. Galigarcía, en una amplia casa con grandes jardines que ocupaba casi toda una manzana en la Calzada de Bejucal y Calle Luz, en la barriada de Arroyo Naranjo. En 1930 el Sanatorio se trasladó a la finca Kokoito, antigua residencia de verano del expresidente Alfredo Zayas Alfonso, en el reparto Aldabó, donde llegaron a convertirlo en un modelo de su clase en Cuba. El doctor José Felipe fue jefe de redacción del órgano científico de la institución, *Archivos de Neuropsiquiatría* (1946-1959).

Clínica El Sagrado Corazón [103, 104]

Es una clínica privada que tuvo sus inicios en 1925 cuando los doctores Roberto Varela Zequeira, Alfredo Antonetti Vivar, Ignacio Calvo Tarafa y Armando Fernández se unieron bajo la razón legal Asociación Médico-Quirúrgica El Sagrado Corazón. Al principio carecían de local y realizaban las consultas en una casa situada en Calzada y 2, en el Vedado y los pacientes que requerían intervenciones quirúrgicas eran enviados a la Clínica Ledón Uribe situada en Mazón y San Rafael. En 1926, se adapta como clínica la casa de Calzada entre Paseo y 2 a la que se une otra casa cuyo frente daba a la calle Línea, con comunicación entre ambas. Finalmente, con un número mayor de asociados, en 1941 se fabrica un edificio de dos plantas en la calle 21 No. 856 entre 4 y 6, en el Vedado. La Clínica funcionó como una clínica mutualista o para pacientes de las clases altas que pagaban por los servicios recibidos. Desde el principio, la calidad del cuidado médico fue excelente. Se escogieron excelentes doctores y personal de enfermería de los Hospitales Nuestra Señora de las Mercedes y Calixto García.

En el año 1943 se adicionó una tercera planta al edificio y allí se trasladaron los salones de operaciones y los cuartos de pensionistas. En 1954 se comenzó a construir otro edificio de ocho plantas adyacente a la clínica con el objetivo de ampliarla, el cual se inauguró en 1957. Al triunfo de la revolución comunista, la clínica fue confiscada y pasó a llamarse **Hospital Ginecobstétrico Ramón González Coro.**

Clínica EL Sagrado Corazón, ahora
Hospital Ginecobstétrico Ramón González Coro.

Centro Médico Quirúrgico [105]

Fue una clínica privada que servía a la clase media-alta de La Habana. Fundada en 1948 en la calle 29 esquina a D, en el Vedado. Sus dueños se agrupaban en un Consejo Directivo formado por el doctor Ignacio Alvaré, presidente, el doctor Juan Grau y Triana, vicepresidente, el doctor Julio Sanguily Quintana, tesorero, director facultativo y principal accionista y los vocales los doctores Ricardo Repilado Reguefueiros, Miguel Merry Ruis de Villa, Orlando Fernández Ferrer, Alberto Borges Recio y José Urrutia Porto.

Centro Médico Quirúrgico y plano de la fachada.
Ahora Instituto Nacional de Neurología y Neurocirugía.

El edificio fue obra del arquitecto Max Borges Recio y recibió la Medalla de Oro del Colegio Nacional de Arquitectos de Cuba en el año 1948. Constaba de tres pisos, 50 habitaciones privadas, la mayoría con baño y aire acondicionado. Los servicios generales estaban colocados en una última planta, donde se encontraban la cocina, el pantry, el comedor, la lavandería y el cuarto de calderas. Los salones de operaciones se hallaban en otra planta, con cuartos de anestesia, esterilización de instrumentos, lavabo de los cirujanos y salones debidamente aislados para los familiares.

El Centro fue intervenido al triunfo de la revolución comunista y en 1962 se destinó para la sede del Hospital Neurológico, que luego se convertiría en el **Instituto Nacional de Neurología y Neurocirugía.**

Clinica Miramar [106 -108]

Fundada el 9 de abril de 1948, como una clínica privada que atendía a las clases media-alta y alta de Cuba, situada en la Ave. Ramón Mendoza y calle 17, en Alturas de Miramar. El edificio fue diseñado por el arquitecto Rafael de Cárdenas y Culmell que logró un edificio con sótano y dos plantas, revestido con piedra Jaimanitas, diseñadó con dos cuerpos formando un ángulo de 45 grados, el de la izquierda para los enfermos y el de la derecha para los servicios anexos. En la entrada principal, en el vértice, se edificó un lobby y la oficina. El ala de los enfermos tiene tres plantas con su ascensor. Tiene 39 habitaciones privadas, dos de ellas suites, dotadas de todas las comodidades.

Clínica Miramar, ahora Clínica Central Cira García
dedicada solo a la atención de extranjeros.

En 1961 con el nombre de **Clínica Central Cira García,** el hospital se dedicó a la atención de los estudiantes becados. En los años 80 la clínica es remozada conservando su original elegancia y distinción y es dedicada exclusivamente para la atención del cuerpo diplomático. En la actualidad se dedica a la atención exclusiva de pacientes extranjeros y es comercializada internacionalmente por la Compañía Cubanacán de turismo y salud. Esta clínica es un ejemplo de un centro de salud con instalaciones de primera en la que los cubanos del pueblo no pueden aspirar a ser atendidos. Los extranjeros pagan en dólares, un ejemplo sería la cirugía de aumento de senos cuesta $1,248 en comparación con México $2,500 y en los Estados Unidos hasta $6,000.

Clínica Antonetti [109, 110]

Era una clínica privada sita en la calle 17 No. 702, en el Vedado, propiedad del doctor Alfredo Antonetti Vivar, bajo la razón social de Agrupación Médico Quirúrgica Clínica Antoneti S.A. El doctor Antonetti era un destacado especialista en enfermedades respiratorias y Profesor Titular de Patología e Higiene de las Enfermedades Tuberculosas de la Escuela de Medicina de la Universidad de La Habana. Sus dos hijos, médicos también, trabajaban con él en la clínica.

Clínica Antoneti.

De estilo moderno, con estructura de hormigón, su edificio diseñado por los arquitectos Raúl Álvarez Rodríguez y Enrique

Gutiérrez Rodríguez, recibió al año siguiente de su inauguración la Medalla de Oro del Colegio Cubano de Arquitectos. Tenía seis plantas más el sótano. En la planta baja se ubicaban la sala de espera para consultas externas, la dirección, la administración, un salón de conferencias, el laboratorio y el departamento de rayos X. En la segunda, los salones de operaciones y en el resto de los pisos las habitaciones para los enfermos, todas con baño privado. Tenía además una sala de maternidad y un salón para niños. El sótano contenía cocina, pantry, almacenes y parqueo para ambulancias.

Edificio de la Clínica Asclepios y mural de Rolando López Dirube.

La clínica fue intervenida al triunfo de la revolución comunista y desde 1968 es la sede del **Instituto de Cardiología y Cirugía Cardiovascular**. Adyacente a la antigua clínica Antonetti, se levanta ahora un gran edificio de 10 plantas de los arquitectos Vicente Lanz y Margot del Pozo, la **Clínica Asclepios** que forma parte del Instituto de Cardiología y Cirugía Cardiovascular, ambos edificios totalmente restaurados y ampliados. El Asclepios muestra en su fachada un mural del escultor cubano Rolando López Dirube.

Clínica Cardona [111]

Era una clínica privada sita en la calle 19 entre 8 y 10, en el Vedado. En 1958 era propiedad de Antonio Cardona Castellá y de su madre Flora Castellá. Con anterioridad había pertenecido al padre de Antonio, el Dr. Ignacio Cardona, Era un centro hospitalario de mucho prestigio donde practicaban los médicos más capaces de Cuba. En ella se realizó el 10 de septiembre de 1947, la primera intervención quirúrgica en Cuba de un niño afectado de Tetralogía de Fallot (el llamado Mal Azul). Esta operación se llevó a cabo dos años después de la primera vez que se realizara en el mundo, y el cirujano fue el prestigioso doctor Antonio Rodríguez Díaz (1904-1987), ayudado por los también notables cirujanos, los doctores Hilario Anido, José Luis Navas, Ángel Giral Casielles y Rafael Novo.

Tras el triunfo de la revolución, esta clínica fue intervenida y se transformó en el **Hospital Materno Clodomira Acosta**. Debido a la falta de mantenimiento el hospital fue clausurado en mayo de 2000 en ruinoso estado.

La antigua Clínica Cardona, después el Hospital Materno
Clodomira Acosta, en ruinoso estado.

REFERENCIAS

(1) Delgado García, G. Dr. José A. Martínez-Fortún y Foyo (1882-1960), erudito historiador de la medicina cubana. Cuad Hist Salud Pública No. 96, Habana, jul-dic 2004. Disponible en: http://scielo.sld.cu/scielo.php?script=sci_arttext&pid=S0045-91782004000200002

(2) Morejón Hernández, EL, Lóriga Valdés, LM. Evolución histórica de la salud pública en Cuba. Monografías.com 27 feb 2012. Disponible en: https://www.monografias.com/trabajos91/evolucion-historica-salud-publica-cuba/evolucion-historica-salud-publica-cuba.shtml

(3) Lóriga Valdés, L. Evolución histórica de la Salud Pública en Cuba. Monografías.com-Salud. Disponible en:https://www.monografias.com/trabajos91/evolucion-historica-salud-publica-cuba/evolucion-historica-salud-publica-cuba.shtml

(4) Mena, CA, Cobelo AF. Historia de la Medicina en Cuba. Vol I. Hospitales y Centros Benéficos en Cuba Colonial. Ediciones Universal, Miami, Florida, 1992 pp 134-136

(5) Hospitales e Instituciones en Cuba. Disponible en: https://www.ecured.cu/Hospitales_e_instituciones_en_Cuba

(6) Mena CA, Cobelo AF. Ibid. pp 137-144

(7) Mena CA, Cobelo AF. Ibid. pp 166-174

(8) Hospital Reina Mercedes. EcuRed 31 enero 2020. Disponible en: https://www.ecured.cu/Hospital_Reina_Mercedes

(9) Hospital Comandante Manuel Fajardo. EcuRed 7 febrero 2020. Disponible en: https://www.ecured.cu/Hospital_Comandante_Manuel_Fajardo

(10) Constituida en Matanzas la Cátedra Honorífica "Dr. Francisco Domínguez Roldán" Imaginología 2 mar 2020. Disponible en: https://especialidades.sld.cu/imaginologia/category/historia/

(11) Iglesia de Paula, el templo que ha sido desde hospital hasta sala de conciertos. TodoCuba. Disponible en: https://www.todocuba.org/iglesia-de-paula-el-templo-catolico-cubano-que-ha-sido-desde-hospital-hasta-sala-de-conciertos/

(12) Iglesia de San Francisco de Paula, Havana. Wikipedia 10 February 2020. Disponible en: https://en.wikipedia.org/wiki/Iglesia_de_San_Francisco_de_Paula,_Havana

(13) Iglesia de San Francisco de Paula. EcuRed 11 octubre 2019. Disponible en: https://www.ecured.cu/index.php?title=Especial:Citar&page=Iglesia_de_San_Francisco_de_Paula&id=3560815

(14) Picard, G. La iglesia y el hospital de San Francisco de Paula. Radio Ciudad de La Habana. Disponible en: http://www.radiociudadhabana.icrt.cu/2019/05/13/la-iglesia-hospital-san-francisco-paula/

(15) Mena CA, Cobelo, AF. Ibid pp 203-261

(16) La Casa de Beneficencia y Maternidad de La Habana. Wikipedia. 18 abril 2020. Disponible en: https://en.wikipedia.org/wiki/La_Casa_de_Beneficencia_y_Maternidad_de_La_Habana

(17) Casa de Beneficencia y Maternidad. EcuRed . 16 octubre 2019. Disponible en: https://www.ecured.cu/Casa_de_Beneficencia_y_Maternidad

(18) Conde de San Juan de Jaruco. La Casa de Beneficencia de La Habana. Diario de la Marina 17 noviembre 1946. Biblioteca Pública Rubén Martínez Villena.. Disponible en: http://www.bpvillena.ohc.cu/2017/05/la-casa-de-beneficiencia-de-la-habana/

(19) Hospital de San Lázaro, Habana. Wikipedia. Disponible en: https://en.wikipedia.org/wiki/Hospital_de_San_L%C3%A1zaro,_Havana

(20) Mena CA, Cobelo AF. Ibid. pp320-332

(21) Mena CA, Cobelo AF, Ibid pp 336-338

(22) Mena CA, Cobelo AF. Ibid p338

(23) Delgado García, G. Infomed. Hospital Universitario General Calixto García. Disponible en: http://www.sld.cu/sitios/calixtogarcia/verpost.php?blog=https://articulos.sld.cu/calixtogarcia&post_id= 281&c=717&tipo=2&idblog=33&p=1&n=dcz

(24) Mena CA, Cobelo AF. Ibid. pp339-341

(25) Hospital Universitario General Calixto García (La Habana). Disponible en: https://www.ecured.cu/Hospital_Universitario_General_Calixto_Garc%C3%ADa_(La_Habana)

(26) Alpízar Caballero, L. Las publicaciones periódicas del Hospital Universitario "Gral. Calixto García" en sus 120 años de historia. Disponible en: https://www.researchgate.net/publication/304495151_Las_publicaciones_periodicas_del_Hospital_Universitario_Gral_Calixto_Garcia_en_sus_120_anos_de_historia

(27) Plano del Hospital Universitario "General Calixto García". Disponible en: https://www.bing.com/images/search?view=detailV2&ccid=kMyg5i7A&id=C41CCC44B5D43EB55510E6AA1EF1C334267C2DC2&thid=OIP.kMyg5i7AKeYCwscVxcc9bgHaE-&mediaurl=http%3a%2f%2fwww.sld.cu%2fgalerias%2fimagen%2fsitios%2fcalixtogarcia%2fplano_del_hospital.jpg&exph=635&expw=944&q=hospital+universitario+general+calixto+garcia+collin+county&simid=608055588195467303&ck=54F50B6659CEE5A0774E981DA1490BD3&selectedindex=0&ajaxhist=0&first=1&scenario=ImageHoverTitle

(28) Havana Psychiatric Hospital. Wikipedia 31 0ctubre 2017. Disponible en: https://en.wikipedia.org/wiki/Havana_Psychiatric_Hospital (Mazorra).

(29) Hospital Psiquiátrico de La Habana. Disponible en: https://www.ecured.cu/Hospital_Psiqui%C3%A1trico_de_La_Habana

(30) Mena CA, Cobelo AF. Ibid p 367

(31) Ibarra, A. Hospital Pediátrico Docente Centro Habana. Nuestra Historia. Disponible en: https://instituciones.sld.cu/hpch/acerca-de-2/nuestra-historia/ Hospital Las Animas

(32) Hospital Pediátrico de Centro Habana. EcuRed. 22 agosto 2019. Disponible en: https://www.ecured.cu/Hospital_Pedi%C3%A1trico_de_Centro_Habana

(33) Mena CA, Cobelo AF. Ibid pp380-386

(34) Rodríguez Hernández, M. Una historia contada por todos. Ed Círculo Rojo, 2014

(35) Alberto Yarini. EcuRed, 25 enero 2018. Disponible en: https://www.ecured.cu/Alberto_Yarini

(36) Hospitales. Juventud Rebelde. 11 marzo 2007. Disponible en: http://www.juventudrebelde.cu/columnas/lecturas/2007-03-11/hospitales

(37) Hospital Ginecobstétrico América Arias. EcuRed 18 enero 2020. Disponible en: https://www.ecured.cu/Hospital_Ginecobst%C3%A9trico_Am%C3%A9rica_Arias

(38) Hospital Docente Ginecobstétrico América Arias. Infomed instituciones. 4 abril 2019. Disponible en: https://instituciones.sld.cu/hospitalaarias/2019/04/04/740/

(39) Jacome, D. Hospital América Arias – Maternidad de Línea. Cuba en la memoria.1 octubre 2015. Disponible en: https://www.facebook.com/CubaEnLaMemoria/posts/1132173180128051:0

(40) Hospital General Docente Julio Trigo. Disponible en: http://wikimapia.org/13305011/es/Hospital-General-Docente-Julio-Trigohttp://wikimapia.org/13305011/es/Hospital-General-Docente-Julio-Trigo

(41) Maternidad Obrera de Marianao, la historia del centro hospitalario habanero donde han nacido miles de cubanos. TodoCuba. Disponible en: https://www.todocuba.org/maternidad-obrera-de-marianao-la-historia-del-centro-hospitalario-habanero-donde-han-nacido-miles-de-cubanos/

(42) HabanArt Déco. A stroll and visual guide to the legacy of this ever-amazing style in the capital of Cuba. 12 julio 2015. Disponible en: https://habanartdeco.blogspot.com/2015/07/workers-maternity-hospital-maternidad.html

(43) Suárez Rosas, L. Dr. Emilio Martínez Martínez (1864-1948). ResaerchGate 1 junio 2019. Disponible en: https://www.researchgate.net/publication/333533179_DOCTOR_EMILIO_MARTINEZ_MARTINEZ_1864-1948

(44) Instituto Nacional de Oncología y Radiobiología. EcuRed 13 agosto 2019. Disponible en: https://www.ecured.cu/Instituto_Nacional_de_Oncolog%C3%ADa_y_Radiobiolog%C3%ADa

(45) Hospital Ortopédico Docente Fructuoso Rodríguez. EcuRed 24 abril 2019. Disponible en: http://www.ecured.cu/index.php/Hospital_Ortop%C3%A9dico_Docente_Fructuoso_Rodr%C3%ADguez

(46) Historia del Hospital "Fructuoso Rodríguez". Disponible en: https://files.sld.cu/arteydiscapacidad/files/2010/06/historia-actual-del-hospital1.pdf

(47) Hospital Materno Infantil Dr. Ángel Arturo Aballí. EcuRed 1 junio 2020. Disponible en: https://www.ecured.cu/Hospital_Materno_Infantil_Dr._%C3%81ngel_Arturo_Aball%C3%AD

(48) Pérez, R. Hospital Infantil Pedro Borrás de La Habana podría "convertirse" en hotel. CiberCuba. 17 diciembre 2017. Disponible en: https://www.cibercuba.com/noticias/2017-12-17-u73624-e73624-s27061-hospital-pedro-borras-primer-pediatrico-habana-podria

(49) Morales Valido, C. The Borrás hospital in its final hour. OnCuba News. Disponible en: https://oncubanews.com/en/cuba/society-cuba/the-borras-hospital-in-its-final-hour/

(50) Donde estaba el antiguo Hospital Pediátrico habanero Pedro Borrás existe ahora un desolado parque. Cubacomenta, 9 octubre 2018. Disponible en: https://www.cuballama.com/blog/donde-estaba-antiguo-hospital-pediatrico-habanero-pedro-borras-existe-ahora-desolado-parque/

(51) Hospital Pediátrico Borrás-Marfan (La Habana). EcuRed 20 marzo 2019. Disponible en: https://www.ecured.cu/Hospital_Pedi%C3%A1trico_Borr%C3%A1s-Marfan_(La_Habana)

(52) Escobar, L. Dos días en un hospital de La Habana por sospecha de dengue. 14ymedio 15 de julio de 2019, Disponible en: https://www.14ymedio.com/nacional/dias-hospital-Habana-sospecha-dengue_0_2692530725.html

(53) Hospital Militar Central Doctor Carlos Juan Finlay. EcuRed. 22 agosto 2019. Disponible en: https://www.ecured.cu/Hospital_Militar_Central_Doctor_Carlos_Juan_Finlay

(54) Convención Científica. Aniversario del Hospital Enrique Cabrera. Historia del hospital. InfoMed junio 2011. Disponible en: https://promociondeeventos.sld.cu/hec50aniv/sede-del-evento/historia-del-hospital/ (Hospital Nacional).

(55) Hospital General Docente "Enrique Cabrera Cossio". Excelencias Magazines. Disponible en: http://www.excellencesmagazines.com/excelencias-turisticas/fitur-2016/agenda-corporativa/hospital-general-docente-%E2%80%9Cenrique-cabrera-cossi

(56) Martha Frayde Barraqué. 5 diciembre 2013. Disponible en: http://cubanexilequarter.blogspot.com/2013/12/martha-frayde-barraque-founder-cuban.html

(57) Hospital Dr. Luis Díaz Soto. EcuRed 4 julio 2019. Disponible en: https://www.ecured.cu/Hospital_Dr._Luis_D%C3%ADaz_Soto

(58) Hospital Militar Central Doctor Luis Díaz Soto. EcuRed 22 agosto 2019. Disponible en: https://www.ecured.cu/Hospital_Militar_Central_Doctor_Luis_D%C3%ADaz_Soto

(59) Hermanos Ameijeiras Hospital. Wikipedia 4 julio 2020. Disponible en: https://en.wikipedia.org/wiki/Hermanos_Ameijeiras_Hospital

(60) Hospital Hermanos Ameijeiras (La Habana). EcuRed. Disponible en: https://en.wikipedia.org/wiki/Hermanos_Ameijeiras_Hospital

(61) Hospital Pediátrico Docente Juan Manuel Márquez. EcuRed. 14 junio 2019. Disponible en: https://www.ecured.cu/Hospital_Pedi%C3%A1trico_Juan_Manuel_M%C3%A1rquez

(62) Hospital Pediátrico Docente Juan Manuel Márquez. Geomedica 7 marzo 2018. Disponible en: http://geomedica.com.ar/centros-medicos/hospital-pediatrico-juan-manuel-marquez/

(63) Mena CA, Cobelo AF. Ibid.. pp369-374

(64) Pérez Hernández, N. La Quinta de Dependientes, una mirada desde la cultura cubana. Pensamiento blog. Disponible en: https://pensamiento-2012.blogspot.com/2016/06/la-quinta-de-dependientes-una-mirada.html

(65) Pérez Hernández, N. Un siglo después de construida, la sede social de los dependientes de comercio acoge a la Escuela de Ballet. Excelencias Magazines. Disponible en: http://www.revistasexcelencias.com/excelencias-turisticas/turismo-inspirado-en-valores-patrimoniales-e-historicos/un-siglo-despu-es-de-

(66) Quinta de la salud La Purísima Concepción. Infomed. Galería de imágenes. Disponible en: http://galeria.sld.cu/main.php?g2_itemId=28786

(67) Baracutey Cubano. La Cuba que robó y destruyó el castrismo. Instalaciones y servicios de la Asociación de Dependientes del Comercio de La Habana. 23 agosto 2018. Disponible en: https://baracuteycubano.blogspot.com/2018/08/la-cuba-que-robo-y-destruyo-el.html

(68) Cerro (La Habana). EcuRed 17 abril 2020. Disponible en: https://www.ecured.cu/Cerro_(La_Habana)

(69) Mapas del Cerro. Disponible en: http://www.guije.com/pueblo/municipios/habana/cerro/mapas/index.htm

(70) El libro del Centro Asturiano de La Habana 1886-1927. Disponible en: https://archive.org/details/ElLibroDelCentroAsturianoDeLaHabana/page/n5/mode/2up

(71) Cid, F. Historia del Centro Asturiano de La Habana. 26 jul 1917 Disponible en https://www.laregioninternacional.com/articulo/asturias/historia-centro-asturiano-habana/20170726140632253418.html

(72) Díaz Castro, T. La Covadonga perdió su orgullo. 6 nov 2007. Disponible en: https://baracuteycubano.blogspot.com/2007/11/la-covadonga-perdi-su-orgullo.html

(73) Centro Asturiano de La Habana. Disponible en: https://www.ecured.cu/Centro_Asturiano_de_La_Habana

(74) Laguna Enriquez, M.E. Arquitecto Manuel del Busto y el Palacio del Centro Asturiano de la Habana. Trim 8, 2015 pp 44-71 Disponible en: dialnet.unirioja.es/descarga/articulo/4974018.pdf

(75) Presencia de los asturianos en la historia de la medicina cubana. Cuad Hist Salud Pública No.99 La Habana ene-jun 2006. Disponible en: http://scielo.sld.cu/scielo.php?script=sci_arttext&pid=S0045-91782006000100019

(76) Facultad de Ciencias Médicas Dr. Salvador Allende (La Habana). Disponible en: https://www.ecured.cu/Facultad_de_Ciencias_M%C3%A9dicas_Dr._Salvador_Allende_(La_Habana)

(77) Centro Gallego de La Habana. Disponible en: https://www.ecured.cu/Centro_Gallego_de_La_Habana

(78) Centro Gallego de La Habana. Wikipedia 20 abril 2020. Disponible en: ¿https://gl.wikipedia.org/wiki/Centro_Gallego_de_La_Habana

(79) Fariñas Acosta, L. Una quinta prodigiosa o la lozanía de 120 años. Gramma, 14 marzo 2017. Disponible en: http://www.granma.cu/cuba/2017-03-14/una-quinta-prodigiosa-o-la-lozania-de-120-anos-fotos?page=2

(80) Centro Gallego de La Habana. Blog Nacional 7 sept 2007. Disponible en: https://blognacional.blogspot.com/2007/09/centro-gallego-de-la-habana.html

(81) Gutiérrez Forte, J. La salud en las sociedades regionales españolas: el caso de La Benéfica. Disponible en: https://ruc.udc.es/dspace/bitstream/handle/2183/13247/CC-128_art_33.pdf?sequence=1&isAllowed=y

(82) Álvarez, A.E. Hospital Hijas de Galicia y otros centros médicos cubanos que funcionaban antes del 1959. Blog de Medicina Cubana. Disponible en: https://medicinacubana.blogspot.com/2013/07/hospital-hijas-de-galicia-y-otros.html

(83) Historia del Hospital "Hijas de Galicia" en La Habana, Cuba. The Cuban History.com 2 abril 2017. Disponible en: https://www.thecubanhistory.com/2017/04/las-hijas-de-galicia-hospital-story-habana-cuba-historia-del-hospital-hijas-de-galicia-en-la-habana-cuba/

(84) Bianchi Ross, C. Hospital Hijas de Galicia. CiberCuba, tomado de Juventud Rebelde. Disponible en: https://www.cibercuba.com/lecturas/hospital-hijas-de-galicia

(85) Hospital Hijas de Galicia. Wikipedia. Disponible en: https://es.wikipedia.org/wiki/Hospital_Hijas_de_Galicia

(86) Cid, F. La Escuela Concepción Arenal de Ponte de La Habana y las Sociedades Gallegas homenajean a esta gran mujer gallega. La Región Internacional, 18 feb 2020. Disponible en: https://www.laregioninternacional.com/articulo/en-el-mundo/escuela-concepcion-arenal-ponte-habana-sociedades-galegas-homenajean-gran-mujer-gallega/20200218144026263834.html

(87) González, A. El Centro Castellano de La Habana celebra su centenario con el presidente de las Cortes. Iconoticias. Periodismo Ciudadano, 19 mayo 2009. Disponible en: https://www.leonoticias.com/frontend/leonoticias/El-Centro-Castellano-De-La-Habana-Celebra-Su-Centenario-Con-vn30525-vst233

(88) Vergaz, M.A. Aniversario. La Habana, 100 años y un Centro de Día. Elmundo.es Castilla y León. 2 mayo 2009. Disponible en: https://www.elmundo.es/elmundo/2009/05/02/castillayleon/1241276836.html

(89) Cien años de presencia castellana y leonesa en Cuba. Administración Pública de Castilla y León. 19 mayo 2009. Disponible en: http://www.jcyl.es/web/jcyl/AdministracionPublica/es/Plantilla100Detalle-Feed/1248367026092/Noticia/1242713608257/Comunicacion

(90) Hospital Psiquiátrico Quinta Canaria (La Habana). Disponible en: https://www.ecured.cu/Hospital_Psiqui%C3%A1trico_Quinta_Canaria_(La_Habana)

(91) Centro Catalán de La Habana. Wikipedia, 13 agosto 2017. Disponible en: https://es.wikipedia.org/wiki/Centro_Catal%C3%A1n_de_la_Habana

(92) La Ermita de Monserrat o de los catalanes, en La Habana. Somatemps. 25 noviembre 2018. Disponible en: https://somatemps.me/2018/11/25/la-ermita-de-monserrat-o-de-los-catalanes-en-la-habana/

(93) Llamamiento a recuperar el Centro Catalán de La Habana. eNoticies. 27 enero 2014. Disponible en: https://sociedad.e-noticies.es/llamamiento-a-recuperar-el-centro-catalan-de-la-habana-82527.html

(94) Chávez Álvarez, E. Quinta del Rey, el hospital de los catalanes en La Habana. La Petjada 7 abril 2014. Disponible en: https://petjadacatalanaacuba.blogspot.com/2014/04/quinta-del-rey-el-hospital-de-los.html

(95) Bandera de Cataluña. Wikipedia 14 abril 2020. Disponible en: https://es.wikipedia.org/wiki/Bandera_de_Catalu%C3%B1a

(96) Planells, V. El Centro Balear de Cuba cumple 125 años. Diario de Ibiza 12 julio 2010. Disponible en: https://www.diariodeibiza.es/pitiuses-balears/2010/07/12/centro-balear-cuba-cumple-125-anos/420826.html

(97) A.M. La emigración balear a la isla de Cuba (1830-1959). Ammentu. Bolletino Storico e Archivistico del Mediterraneo e delle Americhe. Vol. 2 No. 1, 2017. Disponible en: http://www.centrostudisea.it/index.php/ammentu/article/view/265/269

(98) Hospital Pediátrico de San Miguel del Padrón (La Habana). Disponible en: https://www.ecured.cu/Hospital_Pedi%C3%A1trico_de_San_Miguel_del_Padr%C3%B3n_(La_Habana)

(99) Mena CA, Cobelo AF. Ibid pp355-368

(100) Hospital Pediátrico Docente del Cerro, conocido por "Las Católicas". Ciber Cuba, 30 mayo 2011. Disponible en: https://www.cibercuba.com/lecturas/hospital-pediatrico-docentre-del-cerro-conocido-por-las-catolicas

(101) José Felipe Galigarcía Hernández. EcuRed. 7 julio 2019. Disponible en: http://www.ecured.cu/index.php/Jos%C3%A9_Felipe_Galigarc%C3%ADa_Hern%C3%A1ndez

(102) Servicio Psiquiatría. Disponible en: https://instituciones.sld.cu/hec/servicio-galigarcia/

(103) Clínica El Sagrado Corazón – Vedado. Historia de Cuba 24 agosto 2016. Disponible en: https://historiacuba.wordpress.com/2016/08/24/clinica-el-sagrado-corazon-vedado/ https://instituciones.sld.cu/hpch/acerca-de-2/nuestra-historia/

(104) Hospital Ginecobstétrico Ramón González Coro. EcuRed. 24 abril 2019. Disponible en: https://www.ecured.cu/Hospital_Ginecobst%C3%A9trico_Ram%C3%B3n_Gonz%C3%A1lez_Coro

(105) El Centro Médico Quirúrgico del Vedado. Segunda Zafra 15 de junio de 2016. Disponible en: https://segundazafra.blogspot.com/2016/06/el-centro-medico-quirurgico-del-vedado.html

(106) Clínica Central Cira García. EcuRed Disponible en: https://www.ecured.cu/Cl%C3%ADnica_Central_Cira_Garc%C3%ADa

(107) Las dos caras de la medicina cubana: clínicas solo para extranjeros. CUBANET. Disponible en: https://www.cubanet.org/actualidad-destacados/las-dos-caras-de-la-medicina-cubana-clinicas-solo-para-extranjeros/

(108) Proveedores de servicios médicos. CubaDHealth. Disponible en: http://www.cubandhealth.com/proveedores.php

(109) Clínica Antonetti. Historia de Cuba. 20 julio 2016. Disponible en: https://historiacuba.wordpress.com/2016/07/20/clinica-antonetti/

(110) Edificio Asclepios. Instituto de Cardiología y Cirugía Cardiovascular. Arquitectura Cuba. 3 agosto 2009. Disonible en: https://www.arquitecturacuba.com/2009/08/edificio-asclepios-instituto-de.html

(111) Clínica Cardona. Historia de Cuba. 17 noviembre 2017. Disponible en: https://historiacuba.wordpress.com/2017/11/17/clinica-cardona-hospitales-de-cuba/